本书为"国家治理能力现代化视野下的'省直管县（市）'体制改革研究（14BZZ059）"成果

"省直管县"
体制改革研究

基于城乡协调发展的视角

STUDY ON THE REFORM OF
"PROVINCE DIRECTLY GOVERNING COUNTY"
BASED ON THE COORDINATED DEVELOPMENT OF
URBAN AND RURAL AREAS

刘素姣 著

社会科学文献出版社
SOCIAL SCIENCES ACADEMIC PRESS (CHINA)

摘 要

城乡协调发展是马克思城乡关系理论的核心内容，也是我国科学发展观的重要组成部分。县是联结我国城市与农村、传统与现代的"接点"，县域经济是我国国民经济的主要组成部分，县域政治是我国政治稳定的基石，正所谓"郡县治，天下安"。但是，长期以来的城乡二元结构体制，造成了我国县域发展的落后和城乡差距的逐步扩大。城乡发展极不协调，既制约了经济的持续发展，又危及社会的和谐稳定。因此，在马克思主义城乡发展理论的指导下，打破城乡二元体制，通过促进县域的发展促进城乡政治、经济、社会等的协调发展，成为十六大以来党和国家的重要发展战略。

国家发展战略目标的实现，既要遵循马克思主义社会发展的客观规律，又必须借助一系列的制度改革和政策供给来完成。"省直管县"体制改革作为一项旨在壮大县域经济、促进城乡协调发展的制度供给，从1992年的"强县扩权"开始，已在全国二十多个省份不同程度地展开。随着改革向"行政省直管县"的高级阶段推进，其涉及的利益关系日趋复杂，改革难度日益增大。目前，诸多省份的"省直管县"试点改革陷入了"进退两难"的境地，此时，为"困境"中的"省直管县"体制改革指明方向、提供动力和智力支持，具有重要的现实意义。

本书通过对基础理论及相关文献的梳理与分析，从纷繁复杂的目标表述与利益诉求中，阐明"省直管县"体制改革的各种目标表述都内含于"促进城乡协调发展"的框架之中，"省直管县"体制涵括促进城乡协调发展的机理。"省直管县"体制改革的本质是通过减少地方政府层级，改变投射在层级之上的权力与资源分配格局，实现"公共资源配置权下移、公共服务统筹权上移"，达到通过促进县域发展统筹城乡发展的目的。

本书以浙江、河南、贵州三个省份的"省直管县"体制改革为样本，分别进行独立与聚类的分析发现：尽管三省份在改革各方面存在较大差异，但改革方向的正确性毋庸置疑；人事干部管理的激励机制、财权事权划分的科学性和区域协作，与公共资源共享机制建设是各省份改革共同面临的、影响改革进度和促进城乡协调发展成效发挥的问题。这些问题不是改革过程的衍生品，而是改革的内容本质，若不能很好地解决这些问题，改革就会减效或流于形式；若从根本上解决这些问题，就会触动旧有利益格局，使改革遭遇"困境"或"停滞"。因此，在马克思城乡关系理论的指导下，要坚持改革的初衷和正确方向。比智慧更重要的是面对困难的勇气，这种勇气来自中央顶层的授权、地方制度创新的激情和学界研究达成的共识。从三省份改革成效的比较分析可以看出，"省直管县"体制成效的发挥需要借助一定的经济、社会、地理等条件，并不是所有的省份或县域都适合实行"省直管县"体制，要依据城乡差异和相互关联的程度相机抉择。

城乡关系的实质是国家发展战略与县域发展的关系，城乡协调发展战略是县域发展的重要契机。"省直管县"体制改革是调整省以下地方政府间权力与利益结构的高难度、复杂性、系统性的工程，其解决的不是一时的问题，因此其成效也不是一时可以衡量的。抓住改革的本质问题，以"实现城乡协调发展的帕累托最优"为基本原则，一以贯之地指引改革前行的理论线索，完善和推进"省直管县"体制改革，其制度设计的政策建议可概括为："省管县"与"市管县"共存，"财政直管"与"行政直管"并驾齐驱，基本公共服务统筹权逐步上移到省，公共资源及配置权更多地下沉到县，进行地方政府间财权、事权的科学划分，建设独立与合作并行不悖的地方政府间关系。

关键词： 省直管县；市管县；城乡协调发展；县域经济

Abstract

The coordinated development of urban and rural areas is not only the core content of Marx's theory about urban and rural relations but also an important part of China's Scientific Outlook on Development. Counties are junctions not only between cities and rural areas but also between traditional and modern life. County economy is the basis of our national economy; County politics is the cornerstone of China's political stability. "Counties governance well, the world is stable." However, China's urban-rural dual structure for a long time leads to the expansion of urban-rural gap and uncoordinated development of urban and rural areas, which has restricted the sustainable development of economy and influenced the social harmony and stability. Therefore, under the guidance of Marxist theory about urban-rural development, it has been an important development strategy for our country to promote the coordinated development of urban-rural in politics, economy and society by breaking the urban-rural dual structure and promoting the county economy since the 16th Party Congress.

To realize the objective of national development strategy, we should not only abide by the objective laws of social development, but also rely on a series of institutional reform and policy supply. As a system reform designed to strengthen the county economy and promote the coordinated development of urban and rural areas, the reform of "Province Directly Governing County" has been carried out in more than 20 provinces in different degrees since the beginning of "Expanding the Strong County's Power" in 1992. With the reform being carried forward, it becomes more and more difficult for the interest relations being more and more complex. At present, the pilot reforms in many provinces have got into "dilemma". It is time for us to point out the direction and provide power and intellectual support for the reform that is in the "dilemma", which has important practical significance.

Based on the analysis of the basic theories and related literature, out of all kinds of objective expressions and interest demands, the author founds that the objective about the reform of "Province Directly Governing County" is connotated in the framework of "promoting coordinated development of urban and rural areas" although it has more kind of expressions. In return, the "Province Directly Governing County" system contains the mechanism of promoting coordinated development of urban and rural areas. The essence of the reform is to change the distribution pattern of power and resources on the government hierarchies by reducing the number of hierarchy, which can achieve the purpose of promoting the county development and balancing the urban and rural development through the power of overall planning public service moving up and the power of public resource allocation moving down.

This book takes Zhejiang province, Henan province and Guizhou province as the typical samples to analyze the reform of "Province Directly Governing County" independently and comparatively. The analysis proves that the direction of reform is correct although they are very different in process from each other. There are such main problems which do great influence on the achievements and progress of reform as Personal administration, the division of financial power and government responsibilities, regional cooperation and sharing-type mechanism of public resource. These problems are not the derivatives of the reform but precisely the essence of the reform. The reform will be less effective or just a mere formality if the problems can't be resolved. However, if we choose to resolve them, the reform may get into a "dilemma" or "stagnation" for the pattern of interests being touched. Therefore, under the guidance of Marxist theory about urban-rural development, pushing the reform forward with adhering to the direction and original purpose needs more courage than wisdom. The courage comes from the central authorization, the enthusiasm of local institutional innovation and academic consensus. As can be seen from the comparison and analysis on the reform effectiveness of the three provinces, "Province Directly Governing County" system effectiveness playing relies on the conditons of economic, social, and geographical features, so it is not all of the provinces or counties that are suitable to carry out "Province Directly Governing County" system. We should do discretional choice according to the differences and interrelated degree of urban and rural areas.

The essence of urban-rural relations is the relationship between national development strategy and county development. The strategy of coordinated development of Urban and rural areas is an important opportunity for the development of the county economy. The reform of "Province Directly Governing County" is a difficult, complex and systematic project to adjust the power and interests of the local governments below the province hierarchy. It is not a temporary reform so that its efficiency can't be measured for the moment. Seizing the essence of the reform, based on the principle of "Pareto Optimality" in the coordinated development of urban and rural areas, taking the theoretical clues as a consistent, to improve and promote the reform of "Province Directly Governing County", its system framework about main problems can be summarized as keeping "Province-governing-county" and "city-governing-county" coexistence, running "Province Directly Governing county in the fiscal sector" and "Province Directly Governing County in the Administrative System" neck to neck, moving the power of overall planning public service up to province hierarchy gradually and moving the more power of public resource allocation down to county hierarchy, dividing the financial power and government responsibility scientifically among local governments, and establishing the relations both independent and cooperative among local governments.

Keywords: Province Directly Governing County; City Governing County; Coordinated Development of Urban and Rural Areas; County Economy

目　录

图表目录

绪　论

一　选题背景与意义

（一）选题背景

无论是以马克思为代表的西方作家还是我国的社会学学者，都对城乡关系做了大量研究，这充分说明无论是在西方还是在中国，城乡关系都是影响一国经济和社会持续良性发展的重要因素。"国家之强，在于州县""郡县治，天下安"，这些都表明了县域在我国国家治理体系中的重要性。但是，新中国成立以来，我国"优先发展工业和城市"的战略所形成的城乡二元结构，使城市和乡村的发展严重失衡，县域经济、政治、社会发展严重落后于城市，城乡发展极不协调，制约了经济的发展，影响了社会的稳定，使基层治理面临危机。因此，十六大以来，我国各届政府都把促进城乡协调发展作为重要的战略任务。

正如马克思所说，城乡由对立走向融合不是自发的，它需要一定的条件，需要制度供给的主导。20世纪50年代以来，浙江省财政"省直管县"体制促进县域经济发展的"示范效应"，相比于20世纪80年代开始畅行的"市管县"体制对当前县域经济发展造成的种种"弊端"，使"省直管县"行政体制改革成为化解县域财政危机、激发县域经济活力、促进城乡协调发展的突破口。2005年以来，中央层面陆续出台了一系列政策和文件①，

---

① 2005年，温家宝总理在全国农村税费改革试点工作会议上指出，"具备条件的 （转下页注）

积极推动和鼓励各省份依据省情依法探索"强县扩权""扩权强县""财政直管""行政直管"等不同层次的"省直管县"体制改革。"省直管县"体制改革一经提出，便引起学界的热烈关注，并激发了诸多省份试点的热情。2013 年 11 月 12 日，党的十八届三中全会通过的《中共中央关于全面深化改革若干重大问题的决定》（下文中简称《决定》）指出，"优化行政区划设置，有条件的地方探索推进省直接管理县（市）体制改革"，进一步提出通过优化行政层级的"省直管县"体制改革实现地方治理的现代化，以习近平同志为核心的党的新一届领导集体秉持城乡协调发展的国家与地方治理理念，对通过"省直管县"等行政体制改革统筹城乡协调发展提出了更高的要求，激励各省份竞相试点，并在"十二五"期间把"省直管县"改革推向了深入和高潮。但是，由于改革向"行政省直管县"的推进产生了重重阻力、种种问题，目前的"省直管县"改革陷入了"进退两难"的境地。

在上述大背景下，本书选题的缘起可以从两个方面论述。

1. 以"省直管县"体制改革为着眼点的缘起

（1）"省直管县"体制改革由"高潮"进入"低潮"，改革的推进需要理论研究的支持。

从 2008 年 8 月，国务院颁布《中共中央国务院关于地方政府机构改革的意见》，提出"继续推进省直管县（市）的财政体制改革，有条件的地

（接上页注①）地方，可以推进'省直管县'的改革试点"，并在之后下发的《国务院关于 2005 年深化农村税费改革试点工作的通知》中明确提出："根据财权和事权相统一的原则，继续改革完善县乡财政管理体制，积极推行和完善省直管县财政管理体制改革。"2006 年 3 月，我国"十一五"规划纲要指出，"理顺省级以下财政管理体制，有条件的地方可以实行省级政府对县政府的直接管理体制"。2009 年 2 月 1 日颁发的中央"一号文件"指出："推进省直管县财政改革，将棉花、粮食、油料等农业大县全部纳入改革范围。"2009 年 12 月 31 日颁发的《中共中央国务院关于加大统筹城乡发展力度，进一步夯实农业农村发展基础的若干意见》明确提出，要稳步推进扩权强县改革试点，鼓励有条件的省份率先减少行政层次，依法探索省直接管理县（市）的体制，进一步扩大县级政府社会管理和经济管理权限。2011 年 3 月，我国"十二五"规划纲要指出："扩大县域发展自主权，稳步推进扩权县改革试点工作，稳步推进省直管县财政管理制度改革，有条件的地方可以探索省直管县（市）体制。"2013 年 11 月 12 日，党的十八届三中全会通过的《中共中央关于全面深化改革若干重大问题的决定》指出，"优化行政区划设置，有条件的地方探索推进省直接管理县（市）体制改革"。

方可以依法探索省直管县（市）体制，进一步扩大县级政府经济管理和社会管理权限"开始，"省直管县"体制改革就引起了笔者持续的关注。依据笔者对文献的梳理和研究，本书把"省直管县"体制改革的研究分为以下四个阶段。

A."欢呼阶段"（1992—2004 年）。这一阶段是"省直管县"体制改革研究的起步阶段，研究大多采用定性和规范分析的方法，成果多为抨击"市管县"体制的弊端，论述"省管县"体制的优势、必然性和可行性。大多数研究认为，"市管县"体制产生的"漏斗效应"是导致"县乡财政困难""县域经济发展乏力""行政效率低下""城乡发展失衡"等一系列问题的主要原因；问题的解决必须依靠"省直管县"体制改革，并从法律与实践层面论证了改革的可行性，达成了改革的共识。

B. 欢呼后的"冷思考阶段"（2004—2009 年）。该阶段是对"强县扩权""财政省直管县"改革试点进行跟踪研究并总结改革经验的阶段，也是"省直管县"改革在不同观点、理论的激烈碰撞中走向深入和成熟的重要过渡阶段。随着试点改革的不断深入，违背改革初衷的一系列制度意外纷纷呈现，如市县关系恶化、直管县干部晋升渠道受阻、公共资源共享机制割裂、"行政区"与"经济区"的矛盾愈加尖锐、行政成本不降反升等。这些问题成为改革前行的阻力，诱发了学界对"省直管县"改革态度的分歧，使诸多研究者和实践者对待改革的态度从"欢呼"走向"冷思考"："市管县"体制是否被"错杀"？是浙江省的"县域经济"成就了"直管县"体制，还是"直管县"体制成就了其"县域经济"？其经验可否效仿？如何设计"省管县"体制才能克服"市管县"体制的弊端，又不会"按下葫芦浮起瓢"？多数研究者认为，"省直管县"改革的方向是正确的，问题源于配套改革的缺失，但问题最终定会消解在制度的不断完善中；对改革持否定态度者认为，"市管县"体制不是束缚县域经济发展的"根本症结"，"省管县"体制也不是激发县域发展活力的"灵丹妙药"。无论支持还是否定，研究者都为自己的观点提供了理论或实践的支持证据，尽管有些观点不失片面，甚至是"头疼治头、脚疼治脚"，但各种观点碰撞出来的思想火花却从不同角度照亮了"省直管县"改革向纵深发展的道路，成为后续研究的宝贵财富。

C. 反思后的改革"攻坚"阶段（2009—2015 年）。2009 年 6 月，《财政部关于推进省直接管理县财政改革的意见》指出："省直管县财政体制改革的总目标是，2012 年底前，全国除民族自治地区外，力争全面推进省直管县财政体制改革。"① 这表明了高层全面推进"省直管县"体制改革的决心，诸多省份陆续展开"财政省直管县"体制改革。"财政省直管县"体制改革是一个技术问题，本身没有遭遇难题和阻力，但是改革造成的财政、行政"两个婆婆"的问题却使省、市、县地方政府间的关系变得更加复杂，这充分证明了"财政省直管县"体制改革不是终点，而是一个过渡阶段，最终必然走向财政、行政全面直管的真正意义上的市县并立的"省直管县"体制。这一时期，江苏、河南等省份已取得重大突破，改革已推进到"行政省直管县"阶段，标志着该地区的"省直管县"体制改革进入了"深水区"、打响了"攻坚战"。"全面直管"是真正意义上的省以下府际关系和地方治理格局的重塑，如果单纯依靠形式上的"放权""减少行政层级"等手段，而不从根本上转变政府职能，处理好国家、市场与社会的关系，建立地方政府间权责划分明确、独立又相互合作的区域经济关系，那么，无论是"省管县"体制还是"市管县"体制都无法解决基层地方政府治理的危机。这样的话，"省直管县"体制改革的推进将因缺乏"功能认同"而变得举步维艰。因此，这一阶段的研究主题已经不是"市管县"与"省管县"体制谁是谁非的问题，也不是"改"与"不改"的问题，而是在现代社会条件下，如何以"省直管县"体制改革为契机，转变地方政府职能，提高地方政府治理效率，发展壮大县域经济，重塑竞合型的地方政府间关系，建立权责明晰的地方治理格局，这一系列内容成为"省直管县"体制改革面临的重要任务，也是决定改革能否持续推进的关键问题。

D. "攻坚"遇阻后的"低潮"期（2015 年至今）。每一项改革都是所涉及利益的一次重新分配，停留在表面的改革难以触动利益，也难以触及

---

① 《财政部关于推进省直接管理县财政改革的意见》，财预〔2009〕78 号文件。

灵魂。改革越是走向深入，触动的利益面越广，出现的问题越多，遇到的阻力就越大。"省直管县"改革进行到"行政省直管县"阶段，触及了权力、利益分配的根本格局，也因此面临着如直管县干部流动、市县争利、司法与垂直部门管理、府际合作与横向资源流动、地方政府间财权与事权划分等一系列难题，在理论与实践层面同时感觉到"省直管县"改革不只是一项简单的地方政府层级减少的行政体制改革，还是一项极其复杂的政治改革，其实质是对省以下地方政府间人事、行政、财政关系的深刻调整，是地方政府间权力、利益格局的重塑。改革裹挟的利益诉求纷繁复杂，改革的难度和不确定性很大。因此，实践层面"省直管县"改革的决心和勇气开始动摇，理论界质疑的声音也开始高涨，改革的速度开始放缓，甚至陷入了"挖地三尺"的窘境：是继续挖"水"，还是索性填"坑"？与此相呼应，学者对"省直管县"改革研究的热情也在下降，以"省直管县"为关键词检索中国知网，2010—2015 年，平均每年发表的文献为 70 篇，而2016 年只有 41 篇，2017 年至今只有 7 篇。

"省直管县"改革作为促进城乡协调发展的制度供给，在统筹城乡发展的重要时期，为什么进入了"低潮"期？是其根本无法起到促进城乡协调发展的作用，还是制度设计不合理，抑或触及本质定会遭遇难题？处于"进退两难"尴尬境地的"省直管县"改革，是进是退，需要决策的智慧，也需要改革的勇气。我国行政体制改革中央财经领导小组办公室主任杨伟民在解读党的十八届三中全会的《决定》时曾指出，"改革要形成稳定成熟的制度体制，而不是缺乏定势、变来变去"①。论证"困境"中的"省直管县"改革该走向哪里是本书选题的重要缘起。

（2）为期一年的河南省"省直管县"改革的调研以及对浙江省、贵州省"省直管县"改革的走访交流，使笔者深化并增加了对"省直管县"改革的认识和研究兴趣，也积累了丰富的素材。

发展经济学家张培刚先生在 20 世纪 80 年代提出的"牛肚子"理论，形象地把广大中部地区比喻为"牛肚子"，把东部发达省份比喻为"牛鼻

---

① 人民论坛编《大国治理：国家治理体系和治理能力现代化》，中国经济出版社，2014，第3 页。

子"。实现全国经济腾飞,只拉"牛鼻子","牛肚子"却坠在地上是不行的,必须托起"牛肚子"。"牛肚子"理论形象地描绘出中部地区经济发展在整个国家发展中的地位和分量。中部地区县域经济较为落后,城乡二元结构显著,因此,旨在促进县域经济发展的"省直管县"体制改革的重点和难点均在中部地区。2010年,中央编办在充分调研的基础上,综合考虑各种因素,下发《关于开展省直管县体制改革试点的通知》(中央编办发〔2010〕100号),选择河北、黑龙江、江苏、河南、湖北、云南、宁夏、安徽8个省份的30个县作为推进"省直管县"改革的联系试点。8个试点省份,中部地区占了一半,30个试点县中河南占了1/3。由此可知,一方面河南省政府对改革充满期待,另一方面中央有意使河南省成为中部地区"省直管县"改革的样板。

2011年6月1日,河南省委正式启动中央编办确定的河南省10个试点县的"省直管县"体制改革,并力争用三年时间实现全面直管。在河南省中原发展研究院领导的推荐下,笔者有幸成为河南省省委、省编办组织的河南省"省直管县"体制改革课题调研组的成员,随课题组两次赴浙江省、贵州省走访交流并对河南省的10个改革试点进行了为期一年的调研,取得了丰富而翔实的一手资料,并撰写了汇报给省委的调研报告。笔者出生于河南省一个贫穷落后的农业大县,在家乡生活的18个春秋让笔者充分见证和体验了县域经济的落后和城乡的差距。巧的是,家乡有幸成为中央确定的河南省10个"省直管县"改革试点县之一,因此,以"省直管县"改革为研究对象,从宏观视野来说,是为全国范围内的"省直管县"改革提供理论支持;从中观视野来说,是为河南省的改革献计献策;从微观的"我"的角度来说,则是为了早日实现从小就埋在心底的"城乡一体化发展"的夙愿,尽管那时根本不知道什么是"统筹城乡发展",但强烈地感知到了"城市在这边,乡村在那边"。

2014年1月1日,河南省在8省份30个试点中率先实行10个试点县全部推进"行政省直管",标志着河南省的"省直管县"改革向前迈进了具有实质意义的一大步,一年来的全面直管实践,取得了明显成效,也暴露了诸多重要问题。成效生成了后续研究的勇气和希望,不足赋予了继续研究、完善改革的使命。这是本书以"省直管县"改革为研究对象的第二个缘起。

2. 以"城乡协调发展"为背景研究的缘起

"城乡一体化""统筹城乡发展""城乡融合"等词汇的含义虽稍有差别，但都属于"城乡协调发展"的范畴。实现城乡协调发展既是马克思城乡关系理论研究者的目标，也是我国国家与地方治理现代化及社会和谐发展的题中应有之义。随着我国经济社会的发展和转型，城乡二元结构造成的县域经济落后和基层治理危机越来越成为经济发展和社会转型的桎梏，危及了国家政权的稳定，城乡协调发展已上升到国家重要战略地位，成为国家治理现代化的重要内容。"省直管县"改革从启动开始，就被赋予了"发展壮大县域经济、统筹城乡发展"的伟大使命，基本上"省直管县"改革出现的地方，"统筹城乡发展"就会出现。因此，可以说实现城乡协调发展既是"省直管县"改革的出发点，也是其落脚点。

近几年，学界发表的大量有关"省直管县"改革的文献都提到了"省直管县"的改革目的是"壮大县域经济、统筹城乡发展"，既然统筹城乡发展是"省直管县"改革的目标，那么对于改革的模式、路径、问题、对策等的研究最终应回归到能不能、在多大程度上能、怎样才能起到统筹城乡发展的作用。但大多数文献的研究重点落在府际关系、财政分权、行政层级与效率、干部晋升等方面，固然这些研究与统筹城乡发展有密切联系，但最终没有回到马克思城乡协调发展理论的框架内寻找解决问题的思路并确定改革的方向，显然视野狭隘了许多，得出的方案也免不了"头疼治头、脚疼治脚"，难以证实"省直管县"改革有没有或在多大程度上实现了统筹城乡协调发展的战略目标，更难以制定出以"统筹城乡发展"为目标的进一步推进和完善"省直管县"改革的科学可行的方案。

不可否认，前期研究的丰富成果，从不同方面对"省直管县"改革进行了细致的剖析，为后人的研究做了扎实的理论铺垫。但前人的研究成果内容繁杂、结论纷呈，有的把"省直管县"改革当成了包治县域百病的"一招鲜"，赋予了"省直管县"改革太多功能；有的则认为"省直管县"体制根本解决不了"市管县"的问题，"省管""市管"一个样。这种状况导致改革研究者和实践者对"省直管县"改革越来越迷惑,太多的期望也给"改革"带来了沉重的负担,使改革步履维艰。冯俏彬这样描述当前的省直管县改革:人们对改革目标的认识不是越来越清晰,而是越来越模糊了,随着改革的推进,问题不是越来越少,而是越来越多了。[①] 面对越来越多的问题,必须先弄清楚改革的目标,然后以目标这条线串起纷繁复杂的各种问题,设计出系统性的、相互协调的政策方案,进而一步步推进"省直管县"改革。

依上所述,本书以"城乡协调发展"为背景研究"省直管县"改革的缘起有两点:一是在"省直管县"改革目标被多元化的现实背景下,本书认为改革的目标最终都回到了"城乡协调发展"的框架中;二是无论是评价"省直管县"改革的效果,判断"省直管县"改革的走向,还是完善"省直管县"改革的制度设计,都应该以"城乡协调发展"的改革目标为准绳。

(二) 研究意义

以往的"省直管县"体制改革研究多停留在"论各种利弊、摆各种问题"的层面,较少在一个合适的系统框架内对"省直管县"改革进行系统的、客观的分析。因此,"省直管"改革即便走过了25年,[②] 也没有形成一个系统化的制度设计方案,改革的推进缺乏强有力的研究理论的支撑。本书试图克服以往"省直管县"体制改革研究"碎片化""局部化"的缺点,以"省直管县"改革"促进城乡协调发展"的战略目标为主线,对浙江省、河南省、贵州省"省直管县"改革面临的复杂问题进行分析、分类、定位、比较,总结出主要问题,然后置于"统筹城乡协调发展"的背景下,设计推进和完善改革的政策框架,丰富马克思主义城乡协调发展理论,为后续的"省直管县"改革研究提供系统化、可供参考的研究成果,为目前处于"进退两难"境地的"省直管县"体制改革破冰前行提供理论支撑。

---

① 冯俏彬:《"省直管县"何去何从——基于新型城镇化与行政区划改革背景》,《地方财政研究》2016 年第 2 期。
② 学界对"省直管县"改革一般是从 1992 年浙江省开始的扩权改革算起的。

二 研究目的与内容创新

（一）研究目的

从党的十六大提出"统筹城乡经济社会发展"到党的十八大提出"推动城乡发展一体化"，我国促进城乡协调发展的战略一步步深化。浙江省"财政省直管"体制下发达的县域经济，对比"市管县"体制下"欧洲 VS 非洲"的城乡二元结构，"省直管县"改革责无旁贷地成为"促进城乡协调发展"的制度创新。中央所召开的多次会议强调"有条件的地方可以试点'省直管县'改革"，来自顶层的支持信号激励多个省份竞相试点，并在"十二五"规划时期把改革推向了高潮。随着改革逐步向"行政省直管县"的高级阶段推进，改革牵涉的利益面越来越大，出现的难题越来越多，局面越来越复杂，理论层面开始质疑"省直管县"体制改革是对还是错，能否取得预定的目标；实践层面无力或者无心打破旧的格局，处于"进退两难"的境地。在"省直管县"体制改革陷入"窘境"的时期，在改革纷繁复杂的目标表述与利益诉求中，为迷茫者廓清"省直管县"改革的根本目标，并指明正确的方向，在对典型省份的改革实践进行深入分析、对比后，厘清"省直管县"改革所要解决的本质问题，在马克思主义城乡发展观的框架内，在更广阔的视野中改善制度设计，为实践者坚定信心和提供政策建议，是本书的主要研究目的。

（二）研究内容

从对"省直管县"体制改革的背景、动因以及进入各个阶段的时间节点的分析中可以清楚地看到，无论选择何种模式和路径，"省直管县"体制改革的最终目标都是促进城乡协调发展。因此，"省直管县"改革推进的路径及制度方案的设计必须围绕城乡协调发展这个目标，遵循马克思主义城乡关系演变和发展的规律。本书首先用比较大的篇幅综述了中外城乡关系理论及政策演变、"省直管县"体制改革研究现状及理论基础、城乡协调发展与"省直管县"体制改革的关系，为后文的研究做了铺垫。

城乡协调发展有多种表现类型，"省直管县"体制改革也有多种实践模式。在对"城乡协调发展"与"'省直管县'改革"涉及的重要概念和问题进行辨析、厘定的基础上，通过"促进县域发展"这个媒介，依托"省直管县"体制改革的理论依据，揭示城乡协调发展与"省直管县"体制改革的关系机理，为后面的论证打下基础。

按照抽象—具体—抽象的研究路线，对东部的浙江省、中部的河南省、西部的贵州省三个有代表性的省份的"省直管县"体制改革实践的动因、历程、成效、经验和问题进行"解剖麻雀"式的微观分析，然后回到马克思主义城乡发展观的宏观视野中，依据"省直管县"体制改革统筹城乡发展的机理，对三省份改革的制度设计、成效、问题进行聚类分析，提炼并总结"省直管县"改革遇阻的根本原因和所要解决的本质问题，为"省直管县"改革走向确定和政策方案设计提供论据。

依据"促进城乡协调发展"的目标要求，针对目前处于"两难境地"的"省直管县"改革所要解决的本质问题，完成立足现实又面向未来的"省直管县"体制改革政策框架设计，为"困境"中的"省直管县"体制改革坚定方向、提供方案、鼓足勇气是本书的主要目的。

（三）研究创新

本书研究的创新点主要有两点，一是理论研究的创新，一是实证研究的创新。

本书研究的创新点表现为在"城乡协调发展"的目标框架下对"省直管县"改革的方向、改革的问题、改革的政策建议进行了系统、深入的分析，得出"省直管县"改革的方向是正确的。其现在遇到的难题，恰恰是改革的标的，只有先解决这些难题才标志着真正意义上的"省直管县"体制的确立，才能保障"省直管县"体制改革促进城乡协调发展的目标实现。

本书实证研究的创新点在于对河南省的"省直管县"改革进行了为期一年的实证调研，得到了来自试点县的一手资料信息，形成了对"省直管县"改革问题独到的见解，丰富了"省直管县"改革研究的资料库。

三 研究思路与框架

（一）研究思路

本书在对"省直管县"体制改革文献及理论进行研究的基础上，首先得出了"省直管县"体制改革的目标内含于"促进城乡协调发展"的目标框架中。其次，在对"城乡协调发展"和"'省直管县'体制改革"的相关概念与问题进行辨析与厘定的基础上，从理论层面论述"省直管县"体制改革促进城乡协调发展的机理。同时，从东中西部各挑选一个典型省份，对其改革的动因、模式、路径、成效、经验与问题进行"解剖麻雀"式的研究，依据"省直管县"改革统筹城乡发展的机理，对三个省份的制度设计、改革成效与问题进行聚类分析，揭示导致"省直管县"体制改革陷入困境的本质问题，并指出改革的方向是"行政省直管县"体制。最后，以"省直管县"改革统筹城乡发展的目标要求为导引，针对"省直管县"改革的本质问题，制定出"行政省直管县"改革的政策建议，如图0-1所示：

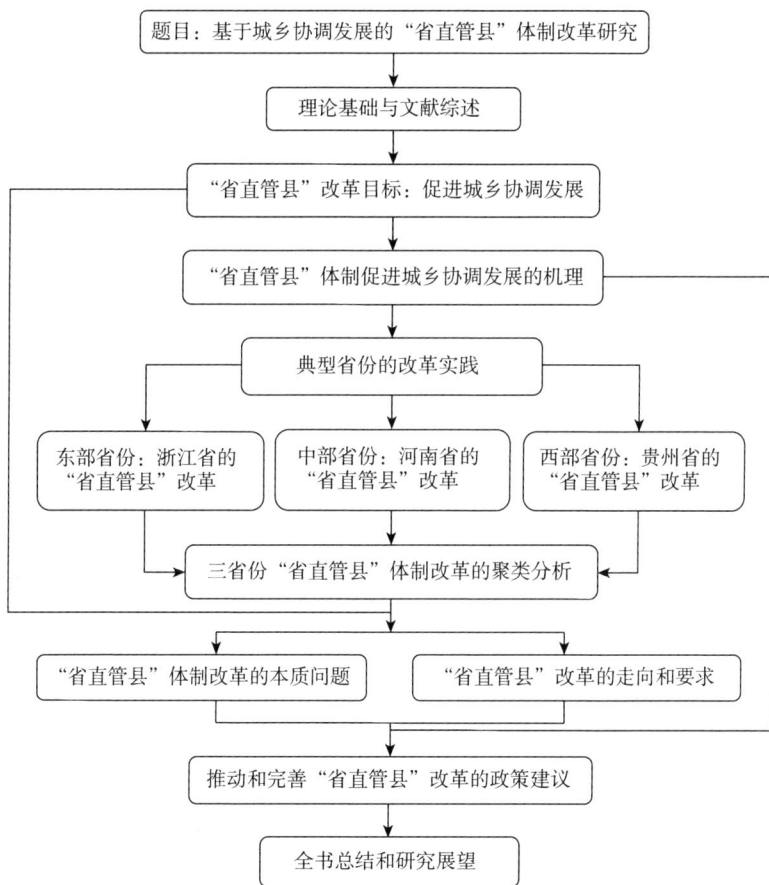

图 0-1 研究路径

（二）研究方法和资料来源

1. 研究方法

本书主要采取的研究方法有两种：一种是理论分析，一种是实证分析。

（1）文献资料规范研究的理论分析方法。本书充分利用中国知网、万方数据库、国家及相关省份的统计年鉴等资源查阅了关于"省直管县"行政体制改革的 400 余篇论文及中央有关文件，40 多篇硕士、博士论文，10 多本"省直管县"改革专著以及 40 余本相关著作，查阅了国内外关于统筹城乡发展的 100 多篇论文和 20 余部著作，对"省直管县"体制改革的理论依据、背景、意义、具体实践、主要问题和阻力、国内外地方政府层级设置及演变规律、国外地方政府治理的经验、中外城乡协调发展的理论和经验等进行了细致的梳理、总结和分析。

（2）个案研究的实证分析。个案研究的最大优点在于"提供的分析的深度，这种深度是为某一个解释所显示出来的细致性、丰富性、完整性或差异的程度"①。对具有较强代表性的个案进行"解剖麻雀"式的微观研究能够更深刻、细致地认识事物及其本质，是用来证实或证伪规范研究下"似是而非"的观点，或者加强或削弱某种理论或观点的有效研究方法。本书采用的案例对象分别为位于东、中、西部的浙江省、河南省和贵州省，这三个省份代表了我国不同经济发展水平的省域，其个案研究对于同等发展程度的省份具有借鉴意义。笔者作为河南省省委、省编办组织的"省直管县"课题研究组成员，取得了以"官方身份"入场调研的便利条件，对河南省的所有试点县进行了为期一年的调研，举行了多场不同层次的座谈，直接获取了河南省"省直管县"改革的一手资料，并从河南省编办获取了浙江省和贵州省改革的较为全面的资料。实证调查主要采取入场考察、分层访谈、数据资料统计的方法。

2. 资料来源

（1）文献资料，包括与研究相关的论文、论著、官方文件、统计年

---

① John Gerring, "What is Case Study and What is Good for", *American political Science Review* 98 (2004).

鉴等。

（2）实证调研资料，主要有三种获得方式：①对观察式调查得到的感性资料进行整理，如直管县工农业布局、基础设施及公共服务提供状况、城市及农村居民生活面貌、农村新型社区建设及村务公开状况等；②深入多个不同类型的试点县对四大班子一把手与所有局、委一把手两个层面的深度座谈资料进行整理；③从试点县行政部门获得的内部资料文献、文件和会议章程等。

（三）研究框架

本书共包括 7 个部分，内容框架如下。

第一部分为绪论，主要介绍了论文的选题背景、研究目的和意义，以及写作的思路与主要内容框架。

第二部分为文献综述，这一部分对马克思及重要学者、领导人的"城乡关系理论"，"省直管县"体制改革的研究成果、现状及相关理论，"省直管县"改革与城乡协调发展关系的研究文献进行梳理、论述，得出各个阶段的"省直管县"改革目标都内含于"促进城乡协调发展"的框架之中，作为城乡协调发展的政策供给，"省直管县"改革的制度设计应以实现城乡协调发展的"帕累托改进"为标准。

第三部分在对"城乡协调发展""'省直管县'体制改革"的相关概念及问题进行辨析、厘定的基础上，从理论层面分析了"省直管县"改革促进城乡协调发展的机理，认定了"省直管县"改革的方向是正确的。

第四部分为实践研究部分，是对"省直管县"体制改革的具体实践分析。本部分首先以东部的浙江省、中部的河南省、西部的贵州省的改革实践为对象进行微观分析，然后以促进城乡协调发展的目标和机理为依托，进行宏观聚类分析，抽象出阻碍"省直管县"体制改革推进的主要难题，并指出这也是改革内含的本质问题。通过聚类分析发现，各个省份应该根据自身的条件相机选择改革的路径和模式。

第五部分根据典型省份"省直管县"改革的具体实践及聚类分析，以改革"促进城乡协调发展"的目标为着眼点，对全国范围内"省直管县"体制改革的走向予以分析和判断，并面向中央顶层、地方政府和学界提出了共同努力、持续推进"省直管县"改革的新要求。

第六部分为政策建议。该部分针对"省直管县"改革需要解决的三个本质问题,依据"省直管县"改革促进城乡协调发展的目标要求和内在机理,以"省直管县"改革的最高阶段——"行政省直管县"为载体,制定出推动"省直管县"体制改革走出"困境"的政策框架体系。

第七部分概括了本书的研究结论:"省直管县"改革的目标是促进城乡协调发展,"省直管县"体制改革是促进城乡协调发展的有效制度供给,"省直管县"体制的内涵是促进城乡协调发展的理论依据;"省直管县"改革取得显著成效,必须具有打破现有利益结构的勇气,过渡到"行政省直管县"体制,并解决好人事干部管理、财权与事权划分、区域协作与公共资源共享三个本质问题;"省直管县"改革应按照促进城乡协调发展的"公共资源配置权下移、公共服务统筹权上移"要求,针对三个本质问题,以"行政省直管县"为载体进行政策框架设计。

| 第一章 |
基础理论与文献综述

城乡关系是影响一国社会发展的质量和速度的关键因素，因此无论是西方发达国家还是亚洲发展中国家，城乡关系都是政府和学者关注的问题。马克思认为，城乡关系的演变既要遵循生产力发展的客观规律，又必须以国家发展战略生成的政策和制度为主导，城乡关系的变迁映射了社会政治、经济、文化的发展变迁。城乡协调发展是城乡关系的理想状态，促进城乡协调发展是我国现阶段社会发展的重要战略目标，"省直管县"体制改革是促进城乡协调发展的重要制度供给。马克思主义经典作家与西方学者的城乡关系理论、新中国成立以来的中国共产党的领导集体关于城乡协调发展的理论，以及我国学者关于城乡关系的研究成果，为"省直管县"改革促进城乡协调发展的制度设计提供了理论支撑和经验借鉴。对"省直管县"改革的研究成果和理论基础进行综述，以便从纷繁复杂的观点和结论中进一步明晰改革的目标，并以目标为准绳，以基础理论为指导，从中提炼出改革的主要问题并进行重点分析。寻求解决主要问题的制度设计，有利于改革走出困境、走向深入。

第一节　城乡关系理论综述

城乡关系是城市和农村之间由政治、经济、文化、社会、资源、环境、发展空间等一系列要素相互联系和制约所形成的结构与格局。城乡关系刻画的是一种较为特殊的区域与社会关系，也是反映社会变迁的一条主线，因此，城乡关系历来是中外社会学学者关注和研究的重要问题。

一 马克思主义经典作家及西方学者城乡关系理论

（一）西方空想社会主义者的城乡关系思想

最早对城乡一体化思想进行构想的当属英国政治家莫尔。16 世纪初期，面对产业革命冲击后英国城市发展日益繁荣与乡村日益贫困、发展停滞形成的强烈反差，英国政治家莫尔提出了理想社会"乌托邦"，应该是最早对城乡一体化思想进行构想的空想社会主义者。19 世纪初，英国等资本主义国家的城乡分离与差距已演变成城乡对立并引发了尖锐的社会矛盾，在此背景下，圣西门、傅立叶、欧文等空想社会主义者提出："和谐社会中是没有城乡差别和城乡对立的，城市不是农村的主宰，农村也不是城市的附庸，二者是平等的。"① 他们还创建了城乡发展的模型，如傅立叶设立的"法郎吉"模型，欧文提出的兼具城市和乡村一切优点的"共产主义新村"，虽然这些模型在当时很难变成现实，却为我们描绘了城乡协调发展的美丽图景。

（二）马克思、恩格斯的城乡融合理论

马克思、恩格斯虽然没有专门的作品论述城乡关系，但是他们十分重视城乡关系问题。马克思、恩格斯在批判地继承空想社会主义者关于城乡关系的论断之后，运用辩证唯物主义和历史唯物主义的方法论，以资本主义社会的城乡关系为研究对象，深刻揭示了城乡关系发展的规律与本质，提出了城乡融合发展的理论，实现了合目的性与合规律性的统一。马克思曾在《哲学的贫困》一书中这样描写城乡关系的重要性："城乡关系一改变，整个社会也跟着改变。"② 马克思、恩格斯关于城乡关系的理论散见于诸多作品之中，典型的有《德意志意识形态》《家庭私有制和国家的起源》《哥达纲领批判》《论住宅问题》《共产主义原理》等。马克思、恩格斯的城乡融合理论对我国的城乡一体化协调发展具有重要的借鉴意义，其主要

---

① 周淑莲、金培：《国外城乡经济关系理论比较研究》，经济管理出版社，1993，第47页。
② 《马克思恩格斯选集》第 1 卷，人民出版社，1995，第 157 页。

结论可以归纳为以下几个方面。

1. 城乡对立是一个历史范畴，城乡关系必然由对立走向融合

人类社会初期，生产力不发达、社会分工不明显，农业、手工业、畜牧业等聚合在一起，社会的同质性很高，不存在所谓的城市和农村，城乡处于混沌合一的状态，是非常低级的均衡状态。当生产力出现一定程度的发展，社会分工渐渐出现，城市和乡村也逐渐分离，这时政治权力掌握在农村封建主手里，进入了农村统治城市的时代；随着工业文明的崛起，城市迅速超越了农村，开始了城市从政治和经济层面统治农村的时代，也导致了城乡对立。

城乡关系由混沌统一走向对立是由生产力发展的规律决定的，但是城乡关系的对立又激化了社会矛盾，引发了诸多社会问题，成为"一切进一步发展的障碍"①。马克思认为，城乡对立是一个历史范畴，"消灭城乡对立并不是空想，……，消灭这种对立日益成为工业生产和农业生产的实际要求"②。由此可知，城乡关系最终由对立走向融合是生产力发展的必然结果。恩格斯在 1847 年撰写《共产主义原理》时，也对消灭城乡差别、实现城乡融合和一体化发展进行了如下论述："通过消除旧的分工，通过产业教育、变换工种、所有人共同享受大家创造出来的福利，通过城乡的融合，使社会全体成员的才能得到全面发展。"③ 恩格斯的这一论断说明了城乡融合是城乡关系发展的终极目标。

2. 城乡融合发展不是靠意志就能实现的，它需要一定的物质条件和社会条件

马克思认为，城乡融合遵循生产力发展的客观规律，是一个较为漫长的历史过程，"消灭城乡之间的对立，是共同体的首要条件之一，这个条件又取决于许多物质前提，而且任何人一看就知道，这个条件单靠意志是不能实现的"④。城乡融合需要满足两个重要的历史条件：一个是物质条

---

① 《马克思恩格斯选集》第 1 卷，人民出版社，1995，第 243 页。
② 《马克思恩格斯选集》第 18 卷，人民出版社，1964，第 313 页。
③ 《马克思恩格斯选集》第 1 卷，人民出版社，1995，第 243 页。
④ 《马克思恩格斯选集》第 1 卷，人民出版社，1995，第 105 页。

件,一个是社会条件。物质条件即生产力的高度发展。马克思认为,城乡对立是因为生产力发展不足和生产资料短缺造成的,只有生产力的极大提高,才能使农业工业化,使农民转变成农业工人,旧式的社会分工才能被消灭,"才不会有任何对生产资料的忧虑"①,人的身份、劳动分工才能超越城乡之别,从而实现城乡的融合。社会条件是指资本主义私有制的消灭。马克思认为,社会分工只能产生城乡差别,不会导致城乡对立,城乡对立形成的根源在于资本主义生产资料的私有制,"城乡之间的对立只有在私有制的范围内才能存在"②,要消灭城乡对立必须废除资本主义私有制,实行生产资料的公有制。

3. 城乡融合发展遵循的路径

马克思认为,城乡融合既包含历史发展的必然性因素,也是人主观选择的结果,因此,城乡融合既要符合社会历史发展的规律,又需要执政者制定政策的智慧。马克思所描述的城乡融合的路径包括三个方面:一是城乡融合不是毁掉城市,相反要在"扬弃"的基础上充分发挥城市的优势作用,实现城乡"高级的融合",而不是混沌状态"低级的统一";二是突破"大工业只能分布于城市"的限制,调整工业分布结构,达到工业在全国和城乡的均衡分布状态;三是通过全国统一的生产规划把农业和工业联系起来发展,提高农业生产力、实现农业现代化,"把城市和农村生活方式的优点结合起来,避免二者的片面性和缺点"③。马克思描述的城乡融合的路径充分说明了城乡融合不是城市与农村的相互替代、完全统一,而是在保留各自优点的基础上实现互动式的协调发展。

本书认为马克思、恩格斯的城乡融合理论的精华在于以下几点:一是指出了城乡关系的终极状态是城乡融合,城乡融合是城乡协调发展的最高级阶段;二是城乡关系实现融合是一个漫长的过程,既要符合生产力发展的规律,又需要上层建筑发挥作用,也就是既需要较高的生产力水平,又需要恰当的制度供给;三是城乡融合并非城乡相互取代或完全统一,而是

① 《马克思恩格斯选集》第 3 卷,人民出版社,1995,第 456 页。
② 《马克思恩格斯选集》第 1 卷,人民出版社,2009,第 556 页。
③ 《马克思恩格斯选集》第 1 卷,人民出版社,1995,第 240 页。

在"扬弃"的基础上实现城乡居民权利、资源获得机会的平等以及要素资源在城乡之间的自由流动和相互渗透,形成融合、协调的发展格局。马克思、恩格斯的城乡融合理论具有较强的未来预见性,无论是对我国城乡协调发展的战略,还是对其他国家城乡关系的处理,都具有重要的指导意义,但正如学者张晖所说:"在当时的历史条件下,却没有引起社会各界的重视和关注。"①

(三) 西方学者的城乡协调发展理论

由于马克思的城乡融合发展理论在当时没有引起社会各界的关注和重视,所以英国等资本主义国家城乡差距拉大引发的一系列社会矛盾和问题,促使一批西方社会活动家和城市学家开始关注城乡协调发展问题。最早提出城乡协调发展的思想并把城乡融合的模型付诸实践的是英国社会活动家霍华德在19世纪末提出的"田园城市"理念。霍华德设想的"田园城市"包括城市与乡村两个部分,二者的完美结合即城乡不是分离而是融为一体,城市被农村用地所围绕,城市里的每个居民既可以很容易地接近农村又可以从农村获得新鲜的食品。1922年,恩维在"田园城市"理念的基础上提出了"卫星城"理论,并应用在城市调整的实践中。20世纪60年代,美国著名城市学家刘易斯·芒福德提出了"以城带乡"的城乡发展观,认为乡村在城乡相互关联的发展过程中具有重要作用,指出"城与乡,不能截然分开,城与乡,同等重要;城与乡,应当有机结合在一起"②。城市专家莱特则主张通过建立多个分散的"新的城市中心"来重新实现城乡之间的平衡,使每个人既能享受到城市般的生活,又可以避免特大城市的困扰。意大利学者麦基设计出著名的"Desakota"模型,也称为"广亩城"模型,是一种"非城非乡、亦城亦乡"的城乡一体化区域模式,把城乡一体化发展推向了一个新的阶段。与麦基的模型相呼应,20世纪90年代,日本学者岸根卓朗从系统论的观点出发,融合城乡的优点,设计出一种城乡融合的理想模式:农村所拥有的悠闲、安逸、宽松的"田园牧歌"环境

---

① 张晖:《我国统筹城乡发展模式的反思及矫正建议》,《中州学刊》2012年第6期。
② 康少邦、张宁:《城市社会学》,浙江人民出版社,1985,第216页。

和城市所具有的繁华、活力等综合文化环境都要作为全国的公共财产供对方分享。

实践派的感性设计描绘了城乡一体化发展的图景,与其相区别,西方理论学派则从更理性的角度出发,深入分析城乡关系形成与演变的规律,提供了实现城乡协调发展的方法论。其中最著名的当属20世纪50年代的美国发展经济学家刘易斯和其二元经济发展理论模型。刘易斯在他的著作《劳动力无限供给下的经济发展》中指出,经济发展的重心是统筹农业向现代工业的结构转变,其过程是通过扩大工业部门解决农业的剩余劳动力。之后,美国经济学家费景汉和拉尼斯完善了刘易斯的二元经济结构模型,认为工业和传统农业是相互影响、相互联系的,二者必须保持平衡发展,形成了发展经济学史上著名的刘易斯—费—拉模型。在同一时代,美国另一位经济学家舒尔茨则通过论证人力资本的重要性指出,统筹城乡发展必须通过增加农村教育投入来提高农村人力资本,该理论为我们加快农村教育、文化、卫生等外溢性的社会公共事务建设,促进城乡基本公共服务均等化,赋予农民平等的发展机会提供了依据。瑞典经济学家缪尔达尔在《经济理论和不发达地区》一书中提出了"地理二元结构理论",该理论指出,经济发展会引导优质生产要素向经济更发达的地区流动而避免进入落后地区,这样会造成贫富差距的扩大,循环累计并最终形成两极分化;要避免这种情况,必须由政府主动制定帮助农村发展的政策来干预其发生,而不是一味消极地等待市场的自发作用。缪尔达尔的理论充分肯定了政府在城乡协调发展中的重要作用,成为指导城乡协调发展的经典理论。西方经济学家的理论对我国调整城乡关系有重要意义,我国发展经济学家林毅夫继承了西方学者的城乡发展理论,指出统筹城乡发展要避免两个倾向,"一是只顾高速增长而忽视了农村共享增长的需求,一是过度依赖政府的再分配手段实现收入均等"[①]。林毅夫认为,在共享式增长中,发展是实现和谐社会的有效途径。

马克思、恩格斯的城乡融合发展理论以辩证唯物主义和历史唯物主义

---

① 林毅夫:《以共享式增长促进社会和谐》,中国计划出版社,2008,第118页。

为方法论，注重从战略高度探讨城乡关系的形成与变迁，从长远来看，科学地预测了城乡社会发展的规律，对世界各国的城乡关系发展都有指导意义。西方社会活动家和城市学家侧重于从实践角度来验证城乡关系的结果模型，但没有说明验证的过程和手段，不具有可操作性。西方经济学家论证了不同阶段如何用好市场和政府两种工具来协调城乡关系，对不同阶段的城乡关系政策具有指导意义。空想社会主义学家所描述的完美的城乡关系只能是一种理想，描绘了目标最终达成的景象。我国的城乡关系发展模式选择，既要以马克思城乡融合理论为总方向，又要在实践中借鉴西方理论的指导，并统筹考虑我国的国情。

二 新中国成立以来我国城乡关系理论及政策演变

马克思城乡融合理论阐明，城乡关系不是全部由生产力发展水平决定的，而是具有可塑性的，城乡关系的变迁在很大程度上受执政者的政策引导和制约。特别是像中国这种市场经济不是很发达、政府干预相对较多的国家，执政党的城乡发展政策对城乡关系的塑造作用更大。因此，中国城乡关系的变迁史也反映了中国城乡关系政策的演变路径。以党和国家的重大政策决定、重要会议的时间为节点，或者以领导人的执政时期为节点，学者把新中国成立以来的城乡关系划分为不同的阶段来研究。

以重大政策时间为节点的划分方法，常见的有两种：两阶段法和三阶段法。以罗峰为主的学者以 1978 年为界，把我国城乡关系变迁划分为改革开放前的分治和改革开放后的统筹两个阶段，并指出城乡关系走向统筹的过程中，经济是前提，政策是导向，体制是保证，全体居民权利平等是统筹目标，强调统筹城乡必须由政府来主导。① 武力等学者则把我国城乡关系的变迁划分为三个阶段。第一阶段（1949—1978 年）为城乡二元结构形成并固化的时期。学者认为这一时期的人民公社制度、商品统购统销制度是造成城乡二元结构最重要的两项制度。第二阶段（1978—2002 年）是二元关系松动并开始向统筹发展转化的时期。这一阶段放开了商品价格和流

---

① 罗峰：《从分治到统筹：城乡关系阶段性转型》，《社会主义研究》2008 年第 3 期。

通渠道，户籍制度也开始松动，城乡关系开始由市场来调节。但这一阶段
只是改变了农业支持工业、乡村支持城市的方式，没有从根本上改变农业
支持工业、乡村支持城市的政策趋势，各项社会福利制度仍是城市专享，
因此城乡二元关系并没有得到根本改善，这一阶段的城乡差距不是缩小而
是拉大了。第三阶段是（2003 年至今）城乡统筹向城乡一体化发展时期。
面对不断拉大的城乡差距，中央从政策和实践两个层面同时"偏向农村"，
制定并落实了一系列惠农政策，还在四川成立了第一个城乡统筹发展综合
实验区，展示了国家实现城乡协调发展的决心。①

中国共产党是马克思主义政党，最善于继承和发扬马克思主义的优秀
思想和论断，因此马克思的城乡关系理论是我国领导集体处理城乡关系的
重要借鉴。以执政党的核心领导人来划分，学界一般把研究对象描述为毛
泽东、邓小平、江泽民、胡锦涛、习近平的城乡协调发展思想或城乡关系
理论。其实质是以这些人为核心的党中央领导集体的思想或理论。

毛泽东的城乡关系思想可以概括为：城市是中心，农村是基础，发展
经济要靠城市工业，国计民生、国家稳定要靠农业，要以工业化的理念发
展农业，城乡兼顾、工农并举。毛泽东以工业化的方式发展农业的思想对
世界而言是一个伟大的理论贡献。有学者评价，以毛泽东为核心的第一代
领导人的城乡关系思想集中体现了马克思主义的科学世界观和方法论，是
具有中国特色的城乡关系创新。② 邓小平的城乡关系思想可概括为：农业
是根本，城乡要互动，通过改革缩小城乡差距。江泽民的城乡关系思想和
实践可以概括为：工业到了反哺农业的时候，农业是基础，工农业要协调
发展，通过发展乡镇企业和小城镇建设发展农村。胡锦涛的城乡关系思想
与实践可概括为：提出了两个"趋向"③，正式确立了统筹城乡发展的战

① 武力：《1949—2006 年城乡关系演变的历史分析》，《中国经济史研究》2007 年第 1 期。
② 岑乾明、宋卫琴：《马克思"城乡融合"理论之"中国化"——毛泽东城乡关系理论与
实践探析》，《云南行政学院学报》2012 年第 2 期。
③ 胡锦涛在党的十六届四中全会上明确提出"两个趋向"的重要论断："纵观一些工业化国
家的发展历程，在工业化初始阶段，农业支持工业，为工业提供积累是带有普遍性的趋
向；但工业化达到相当程度以后，工业反哺农业、城市支持农村，实现工业与农业、城
市与农村协调发展，也是带有普遍性的趋向。"

略，并将其位列"五个统筹"之首，把"三农问题"作为工作的重中之重，积极进行社会主义新农村建设和城镇化建设。习近平的城乡关系思想和实践可概括为：强调城镇化要遵循城乡关系演变的规律，城镇化不是城乡互相代替，而是城乡并存、相得益彰，其终极目标是"虽有城乡之差、而无城乡之别"①，提出"跳出农村发展农村"的思路，强调务实性和政策的执行力，重质量、贴民心、接地气，强化强农惠农政策，重视系统性、整体性、全面性，注重和强调"人的城镇化"，提出政府应为城乡协调发展提供顶层设计和制度支撑，用政府的"有形之手"引导市场的"无形之手"。以习近平同志为核心的党中央领导集体把统筹城乡发展提升到国家发展的重要战略地位。习近平阐释的统筹城乡协调发展的理论包括两个方面的内容：一个是趋同，一个是合作。趋同是指城乡居民的身份、权利、机会平等，生活水平、公共设施与服务水平大致相当；合作是指两者优势互补，实现交错式的共同发展。趋同是合作的基础，合作可以促进趋同。习近平的城乡关系理论包含着丰富的辩证法思想，汲取了马克思主义城乡理论的精华，有学者称其是"马克思主义城乡观在新的时代背景下的体现和拓展"②。

新中国成立以来的中国共产党领导集体的城乡关系思想存在明显的共性：一是从理论上都继承和发扬了马克思主义城乡融合理论的观点，认为城乡协调发展是城乡关系的最佳模式，也是统筹城乡发展的最终目标；二是认识到政策对城乡关系的塑造具有决定作用，城乡协调发展既要遵循城乡关系发展的规律，又要发挥政府政策供给和政策执行的主导作用。诸多学者认为，马克思城乡融合理论是合目的性和合规律性的统一，揭示了城乡关系发展的规律，对我国的城乡协调发展具有重要的指导意义，但其理论条件创设的背景与现在中国城乡发展的时代背景有很大差别，我们只能借鉴不能照搬。例如，刘先江指出中国的城乡协调发展必须具有中国特色，中国的城乡一体化很难达到马克思的城乡融合的要求，并给出了中国城乡一体化发展的两个条件：一是完成发展理念从"城市偏向"到城乡统

---

① 习近平：《之江新语》，浙江人民出版社，2007，第188页。
② 赵伟：《习近平统筹城乡发展思想研究》，《井冈山大学学报》（社会科学版）2014年第11期。

筹的转变，二是实现城乡权利平等与资源自由流动。① 一些学者质疑毛泽东、邓小平时代的城乡协调发展政策获得了相反的结果，直接导致了城乡二元结构的形成和城乡差距的继续拉大，所以很多人开始批评这两个时期的城乡关系政策。例如，林毅夫②、郑炎成③、陈俭④等学者指出，中国在各个阶段的城乡关系性状是由这一阶段国家的经济发展战略决定的，十六大以前以城市和工业为主的国家经济发展战略正面建立了我国比较全面且高速发展的工业体系，但也反面塑造并巩固了城乡二元结构体系。笔者认为，这两个时期的城乡关系政策及其造成的结果是与马克思主义城乡关系理论相符的，因为根据马克思的城乡关系理论，城乡融合不是城乡低级别的而是高级别的统一，需要以较高的生产力发展水平为条件，毛泽东、邓小平正是在"城市偏向"政策中为城乡融合创造条件。"蓄之既久、其必发速"，这与胡锦涛的两个"趋向"理论是相吻合的，但这个阶段我们不能不承认农民和农村做出了巨大牺牲，他们的不公平待遇成就了工业和城市的发展。胡锦涛、习近平在第二个"趋向"条件基本满足时，及时把"统筹城乡发展"置于重要战略地位，也是与马克思主义城乡融合的理论相一致的。一些学者断言，城乡二元关系结构的"罪魁祸首"正是人民公社制度、统分统销制度、城乡户籍制度、福利制度等一系列不公平的国家政策，这恰恰证实了政策对城乡关系的塑造具有重要导向作用。所以学者张晖、罗峰指出，统筹城乡发展政策是导向，必须由政府推动⑤，如果单纯交给市场调节，将会掉入"市场经济的陷阱"，政策统筹城乡的目标将会落空，邓小平时期的城乡差距进一步拉大已经证实了这一点。⑥ 陈伯君根据"帕累托最优原理"总结成都市实施城乡一体化战略的实践经验时指

---

① 刘先江：《马克思恩格斯城乡融合理论及其在中国的应用与发展》，《社会主义研究》2013年第6期。
② 林毅夫、刘培林：《中国的经济发展战略和经济收入差距》，《上海经济研究》2003年第3期。
③ 郑炎成、陈文科：《县域经济在国民经济中的现实地位变迁：理论与实证》，《财经研究》2006年第3期。
④ 陈俭：《新中国城乡关系演变的特点及启示》，《河北经贸大学学报》2016年第6期。
⑤ 罗峰：《从分治到统筹：城乡关系阶段性转型》，《社会主义研究》2008年第3期。
⑥ 张晖：《我国统筹城乡发展模式的反思及矫正建议》，《中州学刊》2012年第6期。

出，我国的改革是增量的改革而不是存量的改革，在保障城市利益不受损害的情况下，利用改革产生的增量去解决农村公共设施不齐全和公共服务水平低的问题，促进城乡公共服务水平均衡化绝对是"帕累托改进"。① 因此，本书认为，在实现国家治理现代化的治国理政的关键时期，应该加大促进城乡协调发展的制度创新力度，敢于啃硬骨头，敢于打破城乡不平等的体制，加大对农村的财政投入和政策支持力度。

第二节 "省直管县"体制改革基础理论综述

城乡协调发展是一个牵涉政治、经济与社会的复杂系统，"省直管县"改革促进城乡协调发展目标的实现需要借助科学的制度设计体系，这就决定了改革制度方案的设计要以政治学、行政学、经济学的多维理论为支撑。从改革需要解决的重要问题出发，"省直管县"改革的理论支撑包括管理层级与幅度理论、政府分权理论、府际关系理论、区域经济和统筹城乡发展理论，其中统筹城乡发展理论在前文已经论述过，这里就不再赘述。

一 管理层级理论

关于管理层级与幅度理论的研究，最早可以追溯到法国管理学家亨利·法约尔，其在论述企业组织管理理论时提出：合理的等级结构是组织控制力和管理效率的重要保障。管理层级指组织结构中纵向层次的数量，管理幅度指组织结构中上一层次管理下一层次的单元数，二者是一对高度负相关的范畴。管理层级既不是越多越好，也不是越少越好，而是在幅度与层级之间寻求"既管得住，又管得好"的平衡点。管理层级过多会造成管理成本居高、信息传递失真、层级沟通困难；管理层级过少，管理幅度增大，会造成上级对下级的监管失控。

20 世纪 70 年代兴起的"新公共管理"运动对工业化时代的官僚制理论进行了深刻的批判，指出其无法解决公共管理中的两个核心问题：效率

---

① 迟福林、殷仲义：《中国农村改革新起点——基本公共服务均等化与城乡一体化》，中国经济出版社，2008，第 376 页。

和责任。正如安东尼·唐斯在《透视官僚制》中的观点：官僚制的多层级造成机构内的信息失真和扭曲及下层级对上层级控制的规避，加大了高层决策官员和基层执行人员之间的隔阂；官僚制层级数目越多，其履行职能的难度越大、成本越高，层层审批使决策点越来越集中于高层官员，保守的高层官员可以研究为由堂而皇之地将方案束之高阁，结果造成决策周期大大延长。这种情况下，"官僚机构俨然一部庞大的机器，变得日益缓慢而僵硬，其原有的运行速度和灵活性却在逐渐消失"[①]。在此背景下，理论界减少管理层级，构建横向紧缩型的"扁平化"组织的呼声越来越高。所谓组织"扁平化"就是尽可能地减少组织高层与底层之间的管理层级，处于组织的决策层和操作层之间的管理层越少，组织的决策权越容易延伸至距离最远的底层，管理的效率越高。正如张占斌所述："层级扁平化不仅是国际上企业治理的趋势，也是各国政府改革的大势所趋。"[②]

行政层级设置受政治文化、人员素质、经济水平、技术发展等一系列因素的制约。长期以来，我国"多层级、窄幅度"的"金字塔"式的行政层级结构形成的主要原因是"全能型"政府工作超负荷和信息技术不发达导致信息的获取和处理能力有限、监督和控制困难。现代市场经济加快了国家与社会的分离，国家权力逐步从"私域"中退出，政府经济管理的权力和职能收缩，主要履行社会管理和公共服务的职能。从我国政府层级反复演变的历史来看，政府行政层级的多少与其行政职能是高度耦合的。改革开放前的行政区划都是政治导向的，政府的主要功能是显性的政治控制，无论增加还是减少行政层级都是为了加强中央对地方的集权控制；改革开放后的"市管县"体制是经济导向的，政府在这一时期的主要功能是以城带乡、发展经济；现代政府的主要功能是控制—服务导向的，以控制职能为隐性，以服务功能为显性。所以，我国现代地方行政层级的设置既要便于提高基层公共服务的效率，又不能超出高层政府对基层政府的控制能力。

---

① 毛寿龙：《西方公共行政学名著提要》，江西人民出版社，2006，第193页。
② 张占斌：《政府层级改革与省直管县改革实现路径研究》，《经济与管理研究》2007年第4期。

政府职能的转变要求建立"有限且有效"的政府，政府的"有限"性为政府管理幅度的扩大提供了条件，政府的"有效"性为政府层级的减少提出了要求。另外，迅猛发展的现代化的网络信息技术，为信息的收集、汇总、分析、储存和传输提供了非常便捷的甚至被称为"不可思议"的手段和条件，使上级单位和领导在获得全面系统的信息时，能几乎在同一时间把信息传递到各个政府层级，中间层级对信息的过滤和处理成为多余，也不用过多地依靠中间层级对下层实施需求控制，从而为政府层级结构的"扁平化"创造了条件。

政府行政层级设置是行政权力分配的外在表现形式，每一次行政权力的重新分配都应以提高行政效率为目的。行政权力的层次性使行政管理的高层决策者和基层执行者之间不能直接发生作用，而是要经过若干中间的传递过程，这使政策的执行难免出现效率"衰减"或"执行赤字"。观察世界各国地方政府层级的设置，大约67%为二级或三级，只有11%左右的国家地方政府层级为三级以上。如印度和美国，国土面积都与我国相近，印度实行的是邦—县—区三级制，美国实行州—市二级制与州—县—镇三级制。拥有1亿多人口的日本，其地方政府也只有都、道、府、县与市、町、村二级制。减少行政层次、提高行政效率，实现组织结构的"扁平化"成为政府层级动态调整的一个重要趋势。当前，各个省份推行的"省直管县"改革，从显性变化上来看，就是变"省—市—县—乡（镇）"四级地方政府层级为"省—市、县—乡（镇）"三级设置，其动因在很大程度上归结于组织结构"扁平化"的要求。另外，许多统计调查资料表明：公民对政府的满意度随着层级的升高而呈现递增的趋势，实行省对县的直接管理，既缩减了县级政府与省级政府的距离，也拉近了县级政府与公民的距离，其实质相当于提高了县级政府的地位，使县级政府具有了更高的权威性和责任感。"省直管县"行政体制不仅可以提高县级政府贯彻上级决策与指示的准确性和效率，同时也获得了公民的认同感，提高了公民参与社会管理和政治活动的积极性，以及基层行政的效率。

但是，行政层级的设置并不是越少越好，层级过多或过少都会降低治理的效率。在组织总要素不变的条件下，寻求管理幅度和层级的平衡是一个难题。我国诸多省份的"省直管县"改革因担心省级政府管理幅度过大造成对县域管理的失控而徘徊不前,"需要管多少单位,能够管多少单位"成为改革主导者思考的重要问题,也成为影响改革持续推进的一个重要因素。基于各省域面积和辖县数量的差异以及经济条件、交通设施等差别,管理的幅度也存在差异,"省直管县"改革推进需分类进行。

二 政府分权理论

政府分权指中央政府向地方政府、市场和社会转让治理权威的过程。治理权威主要包括两个方面的内容,一是职权,也就是权力和职责;二是资源,也就是履行权力和职责所需要的人力、财力、物力和合法性等资源,其中最为重要的是财力资源。具体而言,政府分权包括四项内容:政治分权、行政分权、财政分权和经济分权。政治分权主要是指权威的下放,通常借助选举改革、政党关系改革和政治参与的主体及方式改革来实现;行政分权主要指把属于地域治理的全部或部分功能性权力和责任下放给地方行使;财政分权是指通过税源划分、转移支付等方式授予地方增加合法性收入的权力;经济分权主要是把市场能解决的问题授权给市场去解决。政府分权按其范围又可分为两种:"外因型行政权力再分配"和"内因型权力再分配"。前者指政府体系内部与外部系统(市场和社会)收权和放权的关系,也被称为"第一次分权";后者指政府系统内部的集权和分权关系,也被称为"第二次分权","第一次分权"是"第二次分权"的基础。

权力是行政管理的生命线,分权成为20世纪70年代以后政府改革的主要潮流。以康芒斯为代表的制度经济学派认为,资源配置的决定性因素不是市场,而是社会制度安排中的权力结构[1];加布尔雷恩认为,不考虑权力的经济学是没有意义的。当代中国行政改革的核心问题,是国家行政权力重新定位和划分的问题。分权的目的是善治,Craig Johnson 把分权的三个正向结果描述为:首先,地方政府最有条件听到地方的呼声,最了解地方居民的偏好,分权可以使决策更加切实科学;其次,地方政府可以通

---

① 〔美〕康芒斯:《制度经济学》(上),赵睿译,华夏出版社,2013。

过政策调整及时满足居民的需要；最后，分权有助于改善政府与居民的关系，有助于居民和政府的互动。奥茨的分权理论、布坎南的俱乐部理论、斯蒂格利茨的最优分权理论和蒂伯特的"以足投票"理论都从不同侧面阐述了分权的重要性。这些理论从公共产品的层次性出发，论证了中央政府不能根据所辖居民的偏好和地区发展的需要来供给公共产品，不能实现社会福利的最大化；较低层级政府，尤其是县乡级政府更接近群众，在获取基层信息上具有优势，更容易了解微观经济主体的利益和愿望。因此，层级低的地方政府提供公共品，有时具有更高的效率。埃克斯坦的"受益原则"分权理论还根据收益范围对中央与地方之间的公共产品供给进行了具体划分。这些理论也被理论界称为"第一代财政分权理论"。

公共产品层次性理论是政府间分权理论的基础。所谓公共品的层次性，是指公共品提供和消费区域的辐射范围是有限的，因此其收益范围呈现出闭合性的特点①。公共产品的层次性决定了不同受益层次的公共产品由不同层级的政府提供才是公平且有效率的。所以，要根据不同层级政府提供公共产品的需要在政府层级间进行财政资源的分配，财政分权理论由此产生并不断发展。1956 年，蒂布特（Tiebout）在其著作《地方支出的纯理论》中提出了"用脚投票"理论，认为公民"用脚投票"促进了地方政府为当地居民提供更有效的公共产品和服务，为政府应该而且能够提高公共产品供给效率的研究指明了方向，因此也被理论界作为财政分权理论研究的起点。财政分权理论的发展经历了两个阶段：第一代财政分权理论阶段和第二代财政分权理论阶段。

第一代财政分权理论的观点在前文已有所论述，第二代财政分权理论是在沿袭第一代传统分权理论指导原则的基础上进行的拓展，该理论发起于 20 世纪 90 年代，主要代表人物有钱颖一和罗兰（Roland）、温加斯特（Weingast）和蒙蒂诺拉（Montinola）等经济学家。第二代财政分权理论把公共选择和委托—代理理论引入财政分权的分析框架中，指出各级政府为追求自身利益最大化挑战现有分权规则，损害了社会福利，重点关注如何

---

① 田志刚：《地方政府间财政支出责任划分研究》，中国财政经济出版社，2010，第 20 页。

建立官员与公民激励相容的财政分权机制以实现社会福利的最大化，并且探讨了经济增长与财政分权的相关性。钱颖一和温加斯特等学者着重研究了地方政府分权的"财政联邦制"在中国取得成功的政治基础，强调了财政分权对中国地方政府官员的激励作用。

财政分权理论为具有闭合性特点的公共品政府间供给责任的划分提供了依据，为具有外溢性的公共品的财政支出责任在技术层面提供了处理依据，对财政收入权力与支出责任在纵向政府间的设置提供了理论依据。

分权化改革在实践中具有多种表现形式，其中一种形式是权力的非集中化，核心是清除办事过程中不必要的繁文缛节，简化复杂的规章制度，从重视"过程控制"向重视"结果控制"转变，给管理者充足的空间和自主性去实现组织目标。同时，结果导向还包括完善激励配置和责任机制，促使雇员和管理者为实现期望的结果积极努力。美国学者彼得斯在《政府未来的治理模式》中提出的"解制型政府"的概念和英国的"执行机构"改革的核心思想都是实施结果导向的管理，赋予执行机构很大的管理自主权，其履行职责的依据是主管部门制定的"政策和资源框架文件"，主要内容包括政策及执行政策所需的资源、应达到的目标和工作结果、执行者的自主权限，以及敏感政治问题的处理方式和程序。主管部门对执行机构实行"适距控制"，不得对运作直接干涉，上下级部门关系由隶属关系转变为契约关系。分权可以充分调动地方基层政府的积极性和创造性，有利于提高基层公共服务的水平和质量。所以，"执行机构"改革在美、德、法等国家得到普遍仿效。

府际关系，也就是通常所说的央地关系和地方政府间关系，是分权改革的另一种重要形式。府际关系分权化改革模式，因各地的传统和初始条件的差异，呈现出多样化的特征。以美国、德国为代表的联邦制国家，在央地关系上实行地方分权制，地方政府授权给中央政府代为行使的权力，明确列入宪法，除此之外的所有权力归地方保留。联邦制国家主要采取财政联邦主义政策，将原来"一竿子到底的转移支付"改为"一揽子拨款"政策，扩大了地方政府的财政自主权。同时，中央政府还尽力完善转移支付制度和核算方式，增强转移支付的制度化、科学化、公平化和公开化，力图提供均等化的基本公共服务。单一制国家的府际关系改革也有多种多样的形式，但分权化是所有形式的共同趋势，就连因实行高度集权制而饱受质疑和批评的法国，也开始进行府际关系的分权化改革。法国著名思想家托克维尔100多年前就曾指出，法国的集权行政只是构成了障碍，而不是采取行动，中央集权行政的完善，会导致无幸福的安宁、无进步的产业、无力的稳定以及无德的公共秩序，在这种情况下，普通公民对他们生活的社群的利益漠不关心。① 针对民众对集权制的质疑和批评，法国政府的改革目的就是在保障中央集权统治的前提下，经过一次次府际关系的分权化，调动地方发展的积极性。

分权以善治为目的，却不是实现善治的万能良方，因为分权也会产生负面结果，主要表现为三个方面：一是由于地方政府能力的短板，导致无法有效履行下放的权力和责任；二是由于地方政府被地方精英所控制，导致下放的权力和资源被少数人所控制和滥用，进而加深社会经济的不平等；三是造成地方目标与国家目标的不一致和地方间的恶性竞争。所以，政府间的关系不仅需要分权，也需要集权。莱克曾创造性地提出政治集权是联邦主义发挥作用甚至生存的必要条件，并指出实现集权最主要的两种形式是通过强大的全国性政党引导地方政治家的行为和通过行政的垂直领导机构掌握地方官员的任命权。② 福山对美国"否决型政体"的定义也说明了分权应以集权为前提的重要性。

中国式分权的优点体现为其是一种"政治集权下的经济分权"，皮埃尔·兰德称其为"分权的威权主义体制"。经济分权给予了地方政府主导经济发展的自主权，政治上的集权协调了地方政府之间的关系，保证了国家意志的贯彻和中央对全局的控制。同时，中国式分权，无论是行政分权还是财政分权，都是存在缺陷和问题的。中国式分权的缺点体现在以下几个方面。

首先，分权的行政性太强、法治性不够，事权划分不明晰。世界发达

---

① 〔法〕托克维尔：《旧制度与大革命》，冯棠译，商务印书馆，1992。

② W. H. Riker, *Federalism*: *Origin*, *Operation*, *Significance*. Boston: Little, Brown and Company, 1964.

国家的分权是按照公共产品提供的层次性，以制度化的形式确定，属于法治性的分权；我国的分权是中央主导、地方服从式的自上而下的行政性分权，权力划分不是依据中央和地方政府应提供的公共物品的层次性来进行的，"放什么权、放多少权取决于中央的认识和判断，地方则较为被动，其谈判能力处于弱势"①。分权的主观随意性大，缺乏制度性保障，使地方政府时刻担忧下放的权力被收回，无法产生对权力的归属感，从而促生了"有权不用，过期作废"的急功近利的权力观，再加上缺乏制度性的权力监督机制，必然导致权力的"一放就乱，一收就死"，使权力在收放之间不断反复。我国当前进行的"省直管县"体制改革实质上就是省级政府主导的自发性的地方政府分权改革，由于缺乏法律层面的制度化保障，导致放权过程中出现了"放虚不放实""明放暗不放""放责不放权""放事不放责"等现象。"如果制度界定不清楚而行为者的领导机构可把规则体系搞得极其复杂，制度就会陷入复杂性机能障碍。"② 事权的不明晰造成了县级政府预期的不明确，产生了对自我角色认知的混乱，反而对县域行政形成了阻力，甚至使官场的潜规则登场，正如周杰所述，"中国没有正式的法律界定地方各级政府的权力边界和权力内容，其结果就是在地级市政府与县级政府间无法形成可置信的承诺"③。

法治性分权模式能够将地方保护主义的"恶"导入法治轨道，转化为国家整体利益的"善"，为地方经济发展提供不竭的动力和公平竞争的环境。相反，如果行政性放权继续当道，那么当行政性放权的速度超过法治确立的速度时，地方权力生长就可能逾越分权的底线，导致市场的碎片化并阻碍区域经济的一体化发展，甚至是社会的不稳定，这将是非常危险的。

其次，财权与事权不匹配。任何行政权力的下放如果没有相应资源的支撑，都不具有实质性意义，"就其实质重要性而言，没有其他任何权力

---

① 上官莉娜：《合理分权：内涵、地位及路径选择——以中央与地方关系为视角》，《中南民族大学学报》（人文社会科学版）2014 年第 1 期。

② 〔德〕柯武刚等：《制度经济学》，韩朝华译，商务印书馆，2000，第 154 页。

③ 周杰：《经济增长、行政体制改革与地方政府间分权》，《经济与管理研究》2012 年第 10 期。

堪与国家财政权力相提并论"①。

行政分权是财政分权的依据，财政分权是行政分权的保障。"在中国，基层政府为70%以上的人口提供了70%以上的公共服务。但是，现行的'王爷主导'的管制型和压迫性财政体制，导致基层和社区的独特优势与巨大潜力无法发挥出来，对国家、社会和人民造成的显性与隐性成本十分高昂且越来越大。"② 当前，县域经济是我国经济发展的重点，张五常曾宣称："今天中国的主要经济权力不在村，不在镇，不在市，不在省，而是在县的手上。"③ 县级政府在权力结构中处于连接城市和农村的关键部位，既要履行贯彻上级决策与命令的职能，又要承担发展县域经济、提供县域公共物品与社会服务的职能。"省直管县"体制改革增加了县级政府的事权和责任，改变了财政分权的链条，但没有从实质上改变财政资源分配的格局，使县级政府财权与事权的不匹配显得更加突出，县乡财政困难的问题也难以解决。建立事权划分明晰、财权与事权相匹配的地方政府间分权体制是保障"省直管县"体制改革持续推进的重要条件。

三 府际关系理论

政府间关系进入学术研究的视野源于20世纪30年代应对资本主义危机造成的经济大萧条。美国学者威廉·安德森（William Anderson）在研究政府公职人员的行为及相互之间的人际关系时最早提出"政府间关系"的概念。美国早期对府际关系的认识和理解基本等同于联邦主义的含义，尼古拉斯·亨利把联邦制国家的府际关系定义为"一项公共政策常常涉及资金来源和各级政府官员的相互作用，公共行政领域称此为政府间的关系，即所有拥有不同程度的权威和管辖自治权的政府部门之间建立的一系列金融、法律、政治和行政关系"④。

---

① 人民论坛编《大国治理：国家治理体系和治理能力现代化》，中国经济出版社，2014，第155页。

② 人民论坛编《大国治理：国家治理体系和治理能力现代化》，中国经济出版社，2014，第157页。

③ 张五常：《中国的经济制度》，中信出版社，2009，第144页。

④ 〔美〕尼古拉斯·亨利：《公共行政与公共事务》，项龙译，华夏出版社，2002，第346页。

20 世纪 80 年代以前,西方国家在对府际关系的研究中主要关注中央(联邦)政府与地方(州)政府之间的关系,80 年代以后,府际关系的研究范式开始从基于宪政的规范层面向更加宽泛的动态实践层面转换。特别是随着治理理论的兴起,府际关系研究拓展到形式多样、差别巨大的多元化政府间的竞争、妥协、协调与合作,府际关系成为纵横交织的治理网络的一个重要组成部分。由于联邦制国家的地方政府间不存在等级差别,所以地方政府间的关系没有横向与纵向的区分,仅表现为横向关系。但是,联邦制国家繁多的地方政府单位所形成的地方政府体制的"百纳被"(碎片化)现象,使区域范围内公共事务的协调变得异常困难,一直为区域主义者所诟病,为了解决区域性公共问题,迫切需要建立府际联盟、都会联盟、大都市圈、城市联盟等区域治理体制。

单一制国家的府际关系被定义为从中央到地方的各级政府之间的互动及关系。由于单一制国家地方政府的分级分等,地方政府间的关系更加错综复杂,既包括纵向的政府间关系,又包括横向的政府间关系,甚至是斜向的府际关系。纵向政府间关系的政治性和行政性较强,横向政府间的关系则体现出较强的经济性和社会性。地方政府间关系的两个重要维度是竞争与合作,当资源在地方政府间呈现出有限性和稀缺性的时候就会产生竞争,当跨区域的公共问题产生或提供区域外溢性的公共物品与服务时,就需要彼此间的沟通、协商与合作。

国内对于府际关系的关注是在 20 世纪 90 年代经济全球化、社会多元化、企业合作化的背景下开始的。林尚立教授出版于 1998 年的《国内政府间关系》被认为是国内首部对府际关系进行系统阐述的著作。该书在考察西方主要国家府际关系的演变历程和发展规律的基础上,构建出一套关于府际关系的一般性理论系统,并据此对我国府际关系的变革历程、模式特点、具体实践及演变趋势进行了系统、详尽的阐释,为我国府际关系研究的深入开展奠定了理论基础。此后,府际关系的研究不仅在我国大陆,而且在台湾地区也展开了深入研究,代表性著作有谢庆奎的《当代中国政府与政治》、杨宏山的《府际关系》、朱光磊的《当代中国政府过程》以及台湾学者赵永茂的《府际关系》等。

中国是单一制的中央集权型国家，府际关系包括从中央到地方的纵向政府间关系和地方政府间的横向关系两个层面。纵向政府间多体现为政治关系，横向政府间多体现为经济关系。兰德瑞和许成钢从中国集权与分权的关系特征出发，指出中国的府际关系和治理体制体现为"政治集权与经济分权"相结合；周雪光则认为中国府际关系的特征和地方治理的形态内生于中央统辖权和地方治理权之间矛盾的不断博弈过程；钱颖一和温加斯特等学者用"中国特色的财政联邦主义"描述中国政府间的关系。相比以上观点，本书认为最能深刻而形象地刻画中国府际关系的理论是周黎安提出的"行政发包制"和"政治锦标赛"理论，这两个理论分别从纵、横两个维度阐释了中国的府际关系和地方治理特征。

"行政发包制"是把企业"发包制"的概念经过一定程度的转换融入行政组织和政府治理领域，是一种混合了科层制和外包制的中间类型，即"行政组织边界之内的'内部发包制'，在一个统一的权威之下，在上级与下级之间嵌入了发包的关系"[1]。行政权力和责任的层层发包是我国纵向府际关系的生动写照。区别于科层制和外包制，"行政发包制"有三个特征：第一，在行政权的分配上，委托人具有正式权威和剩余控制权，承包人具有自由裁量权和一部分实际控制权；第二，承包人拥有剩余索取权并面临"强激励"[2]；第三，考核遵从"结果导向"，内部控制实行"一把手"负责制。周黎安认为，行政发包制的三个特征与"集权—分权"理论所描述的中央集权、地方分权、府际间横向协调和整合度低的特点是相吻合的，正如其所述："地方行政发包制在行政权分配、经济激励、内部控制三个维度上呈现相互配合和内在一致的特征，适合概括中国政府间关系和治理模式的长期稳定而鲜明的特征。"[3]

以"属地管理"为基础的"行政发包制"适合地方政府间独立性强、责任边界清晰、经济和社会横向联系较少的情况。行政发包制下，跨区域公共产品提供等区域性事务的协作在最低限度维持，区域横向协调功能被

---

① 周黎安：《行政发包制》，《社会》2014年第6期。
② "强激励"是相对于"弱激励"的概念，指代理人的报酬与其创造的收入呈强相关的关系。
③ 周黎安：《行政发包制》，《社会》2014年第6期。

弱化，承包人的无限责任造成地方保护主义盛行；层层逐级发包导致地方政府只受制于上级并只对上级负责，横向监督和制约力量弱小且被忽视，加大了中央的统治风险；政府层级间事权不是严格依据公共产品的收益溢出范围和公共服务的质量维度来划分，更多情况下是依据公共服务可能导致的统治风险的溢出范围来划分。

"政治锦标赛" 理论作为一种组织激励和地方治理模式，是由上级政府设定好竞赛标准后，由下级多个政府部门的行政长官参与的多层级、逐级淘汰的晋升赛局，该理论是由国内学者周黎安在分析我国地方政府官员的激励模式和竞争行为时创建的。"政治锦标赛" 理论不是在任何体制下都可以发挥效力的，而是需要下面一系列的技术条件：第一，上级政府掌握人事晋升和提拔的权力及标准制定规则，追求公平公正，信守激励承诺；第二，存在一个或一组委托和代理双方认同的可测量的客观指标；第三，局中人的竞赛成绩相对可分离且可比较；第四，参赛官员能够通过自己的努力在相当程度上控制和决定自己的竞赛成绩；第五，参赛者之间不能形成合谋。①

政府治理的核心在于官员治理，确切地讲，在于 "把对官员的激励搞对"，把官员 "协助之手" 的作用发挥出来。周黎安认为，中国的政府官员处于一个非常封闭的 "内部劳动力市场" 中，职位晋升的激励作用远远超过财政收入，中国现有的政治经济体制满足 "政治锦标赛" 的条件，中国也正是通过 "政治锦标赛" 激励了地方政府官员在激烈竞争中获胜从而得到晋升。这种晋升激励比财政和行政分权带来的激励更为持久，也因此创造了 30 年来经济持续高速增长的奇迹。

"政治锦标赛" 一方面促成了中国 "增长的奇迹"，一方面也付出了昂贵的成本。首先，"政治锦标赛" 的零和博弈规则使官员在政治和经济上同时产生激烈竞争，导致政府官员的激励发生扭曲。政治竞争产生了地方政府偏好替代、搞政绩工程、软预算约束等现象，经济竞争导致了资源配置的扭曲、地方保护主义、重复建设和区域发展中其他的政府非合作倾

---

① 周黎安：《中国地方官员的晋升锦标赛模式研究》，《经济研究》2007 年第 7 期。

向。其次，长期以来以 GDP 为竞赛指标的"锦标赛"使市场化条件下政府职能的转变变得非常困难。最后，"政治锦标赛"是中国粗放式和扭曲型经济增长模式的制度根源，因此也成为我国经济发展方式转变的阻力。

纵向属地的行政逐级"发包制"与横向地方政府间"政治锦标赛"模式的竞争体制交织在一起，构成了中国府际关系、官员激励和地方政府治理的主要面貌。从纵向行政发包程度的高低和横向晋升竞争强度的高低两个维度可以分析和描述诸多地方公共事务治理的特征和效果。周黎安认为，中国国家治理能力的强弱关键在于横向上的晋升竞争与纵向上的行政发包在强度上是否存在一致性，只有二者同高或同低的时候，才能发挥较强的治理能力。如招商引资、维稳等属于发包程度和对晋升的影响程度双高的公共事务，国家治理的能力就显得比较强；国防、铁路、航天工程等属于发包和竞争程度都很弱的公共事务，国家治理的能力也显得比较强；而对于环境保护、食品安全、区域合作、安全监督等发包程度高而地方竞争程度低的公共事务，国家治理的能力就显示出明显的不足。

在经济市场化、市场全球化、信息网络化、政府服务化的时代，经济的横向联合越来越需要打破地域和行政等级的限制，建立起合作型的"政府间伙伴关系"。"行政发包制"与"政治锦标赛"联合打造的激励机制阻碍了"既相互独立又相互合作"的府际关系的建设。

我国当前进行的"省直管县"体制改革的目的之一就是通过重塑地方政府间的关系来统筹城乡、区域协同发展。改革进行到攻坚阶段，其向前推进的最大顾虑就是在当前的激励机制下，经济发展的地方保护主义有可能造成"县域经济的孤岛化"，使县域经济的发展雪上加霜，"省直管县"改革将难逃失败的厄运。因此，通过改变"行政发包制"和"政治锦标赛"对官员的激励模式，实现地方治理方式的转型是"省直管县"体制改革制度设计的题中应有之义。

四 区域经济发展理论

(一) 增长极理论

增长极理论是 20 世纪 40 年代末，一批西方经济学家针对一国经济增长应采取均衡化还是非均衡化模式所发起的大论战的产物。法国经济学家佩鲁（Francois Perroux）于 1950 年首次提出增长极的概念和理论，该理论起初主要被运用于空间地理学去论证经济的结构和布局。之后，法国经济学家布代维尔（J. B. Boudeville）、瑞典经济学家缪尔达尔（Gunnar Myrdal）和美国经济学赫希曼（A. O. Hischman）等把增长极理论引入区域经济理论中，在不同程度上丰富和发展了这一理论。

增长极理论被认为是区域经济非均衡发展理论的依据之一，该理论认为，一个国家或地区实现均衡增长是不现实的，经济增长通常是自然或人为地选择一个或数个优势产业或城市作为优先发展的"增长点"，然后逐渐向其他产业或地区传导或扩散，非均衡性是经济增长的必然，因此，经济发展应选择特定的产业或经济空间作为增长极，以带动区域的经济发展。增长极理论把发生支配效应的经济空间称为"力场"，"力场"中的推进性单元就成为"增长极"，增长极在"极化效应"下迅速发展，通过连锁效应、乘数效应向外扩散，推动其他产业或区域的发展。美国经济学者赫希曼在《经济发展战略》一书中这样描述增长极的作用：经济进步并不会同时在每个地方出现，而是在一个或几个区域经济实力中心首先呈现。然而，经济进步一旦出现，其巨大的经济推动力，将会使经济成长围绕最初的"增长极"而集中，因此，不均衡是经济成长中不可避免的。但当不均衡所产生的"增长极"达到经济高度发展阶段时，就会产生"涓滴效应"（Trickling-down Effect），生产力的分布就会趋于分散或均衡化，导致区域间的经济增长差距逐渐缩小，以达到相对平衡发展的状态。

增长极理论是诸多发达国家和发展中国家制定区域经济发展计划的理论依据，该理论于 20 世纪 80 年代传入我国后，很快在理论界引起了广泛关注和研究热潮，如受增长极理论启发提出了我国区域开发的"点轴"模式、"发展带"模式等。在政府适当的政策干预下，增长极理论指导区域经济发展在巴西和马来西亚取得了较大成功，但在意大利、西班牙等国家的实施效果并不理想，主要原因在于没有形成有效的产业链，无法带动当地的经济发展和就业，增长极成为"嵌入落后地区的飞地"。增长极理论指导诸多国家区域发展的实践表明，其不但没有带动增长极腹地区域的经济增长，反而拉大了与发达地区的差距，特别是城乡差距，因此，增长极理论的有效性自70年代以来不断被质疑，原因在于该理论存在如下缺陷。第一，增长极的"极化效应"吸走了周边区域的优势资源，剥夺了周边区域的发展机会。第二，市场力的作用总是倾向于扩大差距，在没有政府干预的情况下，"扩散效应"发挥的等待时间过长，贫困地区无法忍耐，区域政治的不稳定因素增加。第三，推进型产业多为新兴产业，技术性强，管理方法先进，就业带动能力差，增长极容易变成"飞地"。第四，增长极一般以城镇的新建区为依托，生活服务设施和基础设施不完善，如果投资方和政府都不愿投资建设，增长极政策难有成效。

20多年来，"市管县"体制造就了一批经济发达的中心城市，成为所在区域经济的重要增长极，构筑起中国城市体系的基础框架。不可否认，"市管县"体制下，有些地级市确实起到了对县域经济的辐射和带动作用，缩小了城乡差距。但是，随着市场化改革的不断深入，以"分税制"为主的财政体制改革，强化了地方利益，多数地级市基于本级利益考虑，将市区经济发展凌驾于县域经济之上，不但没有带动县域经济发展，还利用手中的政治优势和行政权力汲取县域资源，使城乡差距越来越大。"市管县"体制下，具备成为增长极条件的地级市"增长极"的"扩散"和"涓滴"效应被遏制，"回波效应"被放大，造就了大批相对更加落后的农村，使城城之间、城乡之间的经济差距和不平衡性越来越明显；不具备成为增长极条件的地级市非但不会产生"扩散效应"，还会利用权力优势人为地造成"回波效应"，剥夺县域的发展机会。

一些新制度经济学家认为，对于像中国这样长期集权且主要由政府主导的国家，市场经济不发达、供给主导型的制度变迁将对社会发展起主要作用，只有政府积极主导制度创新，才能打破旧有体制的制度均衡，使区域经济社会朝一体化的方向发展。正如缪尔达尔所述，即使在经济发达的国家和地区，如果没有周密的政府政策干预，区域差异也会不断凸显。"省直管县"体制改革作为一种制度创新，其目标就是通过促进县域经济的发展实现统筹城乡一体化发展，打造县域的增长极是其主要手段。增长极有自然增长极和人工增长极之分，发达地区拥有的大多是自然增长极，欠发达地区则需要政府通过政策制定和基础设施投入来人工培养增长极。"省直管县"改革从最初的"强县扩权"到"扩权强县"的转变，从最初只选择"强县试点"到"强县弱县并存进入"，体现了省级政府通过"省直管县"改革在不发达地区人工培育新的"增长极"的意图。为了克服增长极理论的负面效应，增长极的培育应注意以下几点：①增长点的选择要依托城镇体系来完成，与广大农村联系紧密，并形成系统的区域层次，形成围绕推进型产业的完整产业链；②要提高政府管理能力，加强和完善基础设施配套建设，创造良好的投资环境；③发挥政府的能动性，打破经济发展的封闭状态，培育能够突破行政界限、实现资源和要素自由流动的经济空间。

（二）新区域主义理论

新区域主义兴起于 20 世纪 90 年代，其主要背景有两个：一是全球化，二是分权化。新区域主义是在反思传统区域主义理论局限性的基础上，融合公共选择理论的有益成分形成的区域治理新思潮。瓦利斯·阿兰对新区域主义做了最权威的概括，即治理、跨部门性、协作性、过程和网络，随后，丹妮拉·温德海默（Daniela Windsheimer）又补充了三个特征，即开放、信任和赋权[①]。

传统区域主义盛行于 19 世纪末到 20 世纪 60 年代末，又称"大都会主义""巨人政府论""单一政府论"，主要秉承"一个区域、一个政府"的理念，以马克斯·韦伯的理性官僚制为基础模型，强调利用结构性变革和正式制度规制来解决美国都市区政府分割和"政治碎片化"问题，"它涉及整个都市区域的政府变革，企图去除所有或大部分都会区里面的小政府，并代之以单一、全功能、有力的、普及整个都会区的政府"[②]。传统区域主义主张用城市兼并郊区、市县合并的方式建立单层大都市政府，或以保留现有结构、让渡部分权力的方式建立双层大都市政府。传统区域主义基于国家导向的统一集权模式与公共选择学派基于市场导向的分权模式是

---

① 曹海军、霍伟桦：《城市治理理论的范式转换及其对中国的启示》，《中国行政管理》2013年第 7 期。
② 林水波、李长晏：《跨域治理》，台北五南图书出版有限公司，2005，第 41 页。

相对立的，因而遭到了公共选择学派的批评。公共选择学派认为传统区域主义解决不了"政治碎片化"问题，而且认为碎片化的多元政府结构给人提供了"用脚投票"的机会，更有利于竞争和提供有效率的服务，主张在多中心体制下选择"政府间协议、公司伙伴关系、区域联合会以及职能转移等方式满足公众的需求"[1]。公共选择理论在解决"政治碎片化"问题的初期显示出一定成效，后期却加剧了政府治理的碎片化，"造成了相同区域内不同政府单元的职责不清、政府低效，弱化了区域政府的政治领导权，无法对居民提供有质量的服务"[2]。

面对传统区域主义的"政府失灵"和公共选择理论的"市场失灵"，新区域主义尝试突破"国家干预"与"市场调节"的两难选择，强调组织动员区域内部力量和培育竞争优势，把重点放在区域协作与政治机构的建设上，开辟出多维度且具有开放性的区域治理第三条道路：着眼于国家、市场和公民社会在公共事务处理中的多主体互动，以自愿、信任、相互依赖的分工和共同利益为基础，组成松散的区域联盟，形成区域内外不同层次和水平的纵向或横向分工协作，通过协商、合作解决区域发展中的问题，从而提升区域的竞争力。新区域主义与区域经济一体化发展的思想是一致的。新区域主义治理的具体运作方式包括区域联盟、政府联席会、大都市规划、精明增长和税基分享等。

20 世纪 80 年代，为了实现城乡资源的优化配置，利用中心城市的增长极地位带动所辖县域的经济发展，我国采取传统区域主义的方法，85% 的县划归市管，促成了我国的"市管县"体制，并在当时的条件下，对我国区域经济的产业布局、基础设施建设和社会发展发挥了重要作用。随着市场经济的发展，市管县体制的"财政漏斗""权力漏斗""效率漏斗"等弊端造成了县域的权小责大、事多财少，使旨在改变市、县区域关系的"省直管县"试点改革在诸多省份展开。"省直管县"体制改革产生了一系列新

---

① 彭彦强：《论区域地方政府合作中的行政权横向协调》，《政治学研究》2013 年第 4 期。

② R. B. Parks, R. J. Oakerson, "Metropolitan Orgnization and Governance A Local Public Economy Approach," *Urban Affairs Review* 25（1989）：18 - 29.

的区域关系问题：①地级市不愿再为直管的县提供服务；②财政资源没有随着下放的事权下沉到县；③市、县由上下级关系变为竞争与协作关系，省内面临着市、县次区域统筹发展的新课题；④层级减少使省级面临由于管理幅度过大导致管理效率降低的问题。我国的"十二五""十三五"规划时期是促进区域经济协调发展的关键时期，要求我国"区域合作领域从狭窄单一、辑于表层向宽泛多元、嵌入深层转变；合作形式从简单陈旧、空泛虚无向丰富多彩、厚重务实转变；区域合作手段从千篇一律、缺乏弹性向多管齐下、灵活机动转变"①。但是，传统体制下中国"蜂窝状"的"行政区经济"，造成了地方政府竞争激烈、地方保护性政策频出、区域资源流动严重受阻等问题，形成了地方政府企业化、企业竞争寻租化、要素市场分割化、产业结构趋同化、资源配置等级化、邻域效应内部化等弊端，阻碍了区域经济一体化的发展。"在新型的'市''县'关系中，怎样实现更好的区域合作与区域协调"② 是"省直管县"体制改革有待深入研究并加以解决的重大课题。

第三节 "省直管县"体制改革实践研究综述

"省直管县"体制改革的目标从 2002 年的解决县乡财政困难到 2005 年的促进县域经济发展，再到 2010 年的统筹城乡一体化发展和城镇化建设，2014 年又融入国家治理体系和治理能力现代化的改革框架之中，从一开始提出，就引起了学者的广泛关注。不同学者从不同角度出发，在改革的不同阶段提出了针对改革的不同观点和看法，相关文献用"汗牛充栋"形容都不为过。聚焦于"省直管县"体制改革的重要问题，对大量已有"省直管县"体制改革的研究成果进行梳理和归纳，可以更清晰地把握"省直管县"改革的过去、现状和未来，对"省直管县"改革的推进方式及方向有重要的意义。研究内容可以分解为以下几个部分。

---

① 范恒山：《全国区域合作座谈会发言稿》，云南昆明，2010 年 12 月 12 日。
② 袁政：《新区域主义及其对我国的启示》，《政治学研究》2011 年第 2 期。

一 "省直管县"体制改革的背景、动因和目标

(一)"省直管县"体制改革的背景和动因

关于"省直管县"体制改革的背景和根本动因,学者做了不同的解释。对"省直管县"改革研究较多的学者张占斌从行政学的角度出发,认为县域经济落后的现状和面临的挑战、国家经济社会发展方式转变的新要求以及"市管县"体制演进过程中消极因素的逐渐增多是实行"省直管县"体制改革的主要背景和动因。潘晓娟则从偏政治学的角度出发,认为"经济因素、政治因素和社会发展,甚至领导人的偏好、政策议程和舆论影响,都可能构成改革的动因之一"[①]。王雪丽把改革的背景和动因归结为主观和客观两类因素,主观因素为经济体制转型、城市化加速和政府现代化、民主化治理的内在要求,客观因素为"县级求发展""市级甩包袱""省级求创新""中央等红利"等各级政府不同利益选择的结果。通过梳理和分析大多数学者的主要观点,"省直管县"体制改革的背景和动因可归结为以下几个方面。

1. 县乡财政困难、县域经济落后

经济转型是伴随着不同社会发展阶段的动态演进。从改革开放初期的工业化初始阶段起,经过20多年"农业支持工业、乡村支持城市"的发展,一方面实现了城市经济的快速发展,一方面形成了"差距式割裂"的城乡二元经济结构,造成县域经济的落后和县乡财政的困难。当前,我国宏观经济发展中,出口和投资拉动的弊端日渐显现,经济增长的动力越来越需要内需拉动,而扩大内需的市场在农村,关键在于发展县域经济。2002年11月,"县域""县域经济"的概念首次被写入党的十六大报告,标志着"县域经济"已经成为国家经济建设的新亮点和经济体制改革的新重点。"省直管县"体制改革的目标之一就是发展县域经济,发展县域经济也成为改革的经济前提。

2. 政府职能和社会发展方式转变对行政改革的要求

政府职能是政府行政层级设置、机构部门设立和权限划分的依据,政

---

① 潘晓娟、吕芳:《攻坚:聚焦省直管县体制改革》,中国社会科学出版社,2013,第38页。

府行政层级的设置与其履行的主要职能是耦合的。改革开放前，政府的主要职能是显性的政治控制，无论增加还是减少行政层级，都是为了加强中央对地方的集权控制；改革开放后的计划经济时代，政府的职能是经济导向的，政府在这一时期实行"市管县"体制的主要目的就是"以城带乡、发展经济"；市场经济时代，政府的经济管理与资源配置职能大幅收缩，主要职能转变为社会管理和公共服务。政府职能的转变使政府具体管理的事务减少，如此，管理幅度就可以增加，管理层级也可以减少。另外，我国20年来的快速发展使社会系统的内在结构不断变迁，生活方式和价值理念发生了深刻转变，新农村和城市化建设加速，特别是十六届三中全会确立的"科学发展观"和"和谐社会建设"，要求通过改革实现"公共资源配置权下移"和"公共服务统筹权上移"，"加快统筹城乡发展，强化民生为重点的社会事业建设和公共服务提供"①。"省直管县"行政体制改革作为一种制度创新，被赋予了很高的期望。

3. "市管县"体制的弊端

关于"市管县"体制的利弊，学术界争论颇多。不可否认，"市管县"体制在工业化发展时期体现出较大的制度优势，甚至当前也在诸多方面存在优势，但在演进过程中，其弊端越来越明显。学者对"市管县"体制弊端的分析可以归纳为以下两点：一是"市管县"体制下，地级市利用对所辖县的政治统治权和资源分配权造成了"市压县""市卡县""市刮县""市挤县"，不但未实现"以市带县，以城带乡"的目标，反而严重束缚了县域经济的发展，形成了城乡的二元经济结构；二是"市管县"体制增加了行政层级，提高了行政成本，形成了"效率漏斗"，与现代简洁高效的治理理念相违背。

4. 网络新技术的应用使政府层级扁平化成为可能

以互联网技术和信息高速公路为代表的现代化新技术的发展，使行政管理的方式、手段和观念发生了深刻变革。一方面，强大、开放的信息系统改变了政府层级越高、信息垄断能力越强的状态，使信息几乎可以同时

① 张占斌：《省直管县体制改革的实践创新》，国家行政学院出版社，2009，第19页。

被不同层级政府所共享，为减少行政层级提供了技术支撑；另一方面，网络技术与电子政务的发展，使省一级政府可以直接管理的单位数增加，管理的空间半径扩大，为管理幅度的扩大提供了条件保障。"一种有效的国家制度安排就是不断降低治理费用，减少治理成本，提高治理效率。"① 政府层级扁平化是降低行政成本、提高行政效率的重要手段，现代化网络新技术的运用和发展为扁平化的"省直管县"体制提供了重要的环境条件和工具保障。

5. 改革达成的共识及政府制度创新的激励

县域经济发展的落后、"市管县"体制的弊端、宪法层面行政层级的规定、浙江省的成功经验、统筹城乡一体化发展的要求以及地方政府治理民主化、现代化的趋向促成了学界对"省直管县"体制改革共识的达成，这为改革的推动营造了良好的舆论氛围。省级政府制度创新的动力和中央政府对省级政府创新"红利"的期待则是"省直管县"体制改革的根本推动力。省级政府主导"省直管县"体制改革的动力来自两个方面。一方面是呼应中央对"省直管县"体制改革的支持态度。我国行政权力纵向运行的"对上服从"的特点决定了省级官员职务的晋升掌握在中央政府的手里，因此，对中央政策的支持以及制度创新成功的示范作用成为省级领导职务晋升的重要砝码。另一方面，"省直管县"体制改革是理顺和解决省以下地方政府间财权与事权关系，实现县域经济可持续发展的重要契机。1994 年的分税制改革没有解决省以下政府的财政分权问题，基层政府财权与事权的不匹配严重影响了基层政府的积极性和城乡公共服务均等化目标的实现。正如陈云所述，"中国迫切需要为农村的发展提供创新的制度支撑"②。王雪丽认为，"中央政府对省直管县改革的态度经历了一个由'不反对'到'默许'，再到'鼓励推动'的渐进过程"③，并把中央政府支持改革的战略意图描述为增加中央财政实力、实现统筹城乡发展和公共服务均等化目标以及巩固中央的政治统治。

① 胡鞍钢等：《中国国家治理现代化》，中国人民大学出版社，2014，第 89 页。

② 陈云：《国家地方治理新观》，《人民论坛》2014 年第 2 期。

③ 王雪丽：《中国"省直管县"体制改革研究》，天津人民出版社，2013，第 73 页。

（二）"省直管县"体制改革的目标

"省直管县"体制改革初期，学者对"省直管县"体制改革的目标界定较为微观和直接，一般是从经济与财政的角度出发，认为"省直管县"体制改革的目的就是发展县域经济、解决县乡财政困难。随着"省直管县"体制改革的不断推进和社会的向前发展，改革目标定位的视野也越来越宽广，并呈现出越来越强的全局性、长远性和战略性，把着眼点放在了加快城乡统筹发展和公共服务均等化、推动城镇化发展的更高层面。张占斌在国家行政学院关于县长、县委书记培训的讲稿中多次指出："'省直管县改革'作为推动县域发展的制度设计，改革的路径和方向，实际上处于统筹城乡发展、城乡发展一体化的框架中。"[1] 党的十八届三中全会的召开标志着我国进入以国家治理能力和治理体系现代化为目标的全面深化改革的重要阶段，"省直管县"体制改革的目标也得到了进一步升华，改革方案要求置于地方治理现代化的框架中进行规划。柯学民从地方治理的角度进行分析，指出"省直管县"体制改革的目标在于"打破行政区划的界限，破除地方保护主义，建立不同区域地方政府之间的政策协调与沟通合作机制，推动区域经济协调发展"[2]。张京祥借鉴美国大都市区治理经验，指出"省直管县"改革不是简单的"从一个极端走向另一个极端"的变革，或"头疼治头，脚疼治脚"式的短期应对性改革，而是建立一种长远意义上的有效的区域、地方治理体制。与张京祥的观点比较一致，王雪丽认为"省直管县"体制改革的目标不是简单的省、市、县之间行政隶属关系的变化，而是超越行政区划，构建协作伙伴型的省、市、县新型府际关系和"以域代属、按需定责"的既相互独立又相互合作的区域治理体系。[3]

认真研究这些目标就会发现，以上各种"目标"的定义都是基于研究者在不同阶段或者是不同的视野下进行的概括。其实，无论是近期解决县乡财

---

[1] 张占斌：《解析新型城镇化》，经济科学出版社，2014，第205页。

[2] 柯学民：《"省直管县"体制改革持续推进研究——基于地方治理的分析框架》，《行政与法》2014年第12期。

[3] 王雪丽：《中国"省直管县"体制改革研究》，天津人民出版社，2013，第82页。

政困难，还是中期通过促进县域经济发展推动城乡区域协调发展，抑或是远期形成现代化的地方治理结构，"省直管县"体制改革都是沿着促进县域发展的主线依次递进，最终促成城乡协调发展，实现城乡社会和谐发展。

二 "省直管县"体制改革的基础条件及路径选择

（一）"省直管县"体制改革的基础条件

"省直管县"体制改革既是重要的行政体制改革，又是重要的政治体制改革，必须在试点先行的情况下谨慎推进。学术界普遍认为，"省直管县"体制改革不是"放之四海皆准"的制度安排，其实施既需要有充分的理论基础支撑，又需要满足一系列的客观基础和条件，改革只有在具备条件的地方实施，才能保障良好的效果。王雪丽把"省直管县"体制的必备基础概括为必要的经济基础、有限的政府责任和有效的管理幅度，并具体分解为"市县关联度、地级市经济实力、县域经济发达程度、省级政府统筹协调能力、地域空间条件、人口规模与人口分布密度、交通与信息技术条件、管理者的能力、社会自治程度、改革共识和政策支持"① 十个方面的指标进行测度。党风英、邓雪则认为"省直管县"改革最适合在农业大县进行。卢晓蕊把保障"省直管县"体制取得良好效果的条件总结为"地域面积和县的数量适度、省级财政的调控能力较强、县域经济的自身发展能力较强、市和县经济上的关联度和依存度不强以及具有配套的行政区划调整"② 。与诸多人的观点不同，冯俏彬则认为，贫困县最需要财政转移来提供基本社会公共服务，因此"省直管县"改革最适合在县域经济落后的贫困县进行，县域经济发达的可以直接设市。③

（二）"省直管县"体制改革的路径选择

"省管县"体制与"市管县"体制的关系不是非此即彼的"相互替

---

① 王雪丽：《中国"省直管县"体制改革研究》，天津人民出版社，2013，第99页。
② 卢晓蕊：《论"省直管县"体制改革的五大认识误区》，《广东行政学院学报》2013年第2期。
③ 冯俏彬：《"省直管县"何去何从——基于新型城镇化与行政区划改革背景》，《地方财政研究》2016年第2期。

代",而是可以同生共存的"相互补充与完善"。基于我国各省区间,甚至同一省区内经济、社会等基础条件的非匀质性,刘尚希指出,"地方的巨大差异决定了在推进省直管县改革进程中,不能以所谓'规范'的名义搞'一刀切'的制度安排,而应在两级治理的框架下,因地制宜,赋予地方更多自主选择权"[①]。各省区应根据实际情况,慎重选择不同的模式和路径,分类推进省直管县改革。张占斌认为,"省直管县"体制改革的模式可以多样化,但从发展方向上看,在走向"行政省直管"前一般要经历"强县扩权"和"财政省直管"的过渡阶段。陈国权等提出了省域范围内基于市、县强弱关系比较的分类改革方案,具体如表1-1所示:

表1-1 市、县关系与分类改革路径

市、县关系类型	改革路径
强市强县型	市合并县或省直管县
强市弱县型	市管县、部分省直管县或全部省直管县
弱市强县型	县转换为行政中心或省直管
弱市弱县型	市县分治、省直管县

资料来源:根据各省份改革县(市)的经济状况分类得到。

潘晓娟、吕芳等基于各省区人口、面积、经济发展、交通条件等因素的差异(四个直辖市和海南省除外),把"省直管县"改革的路径分为五类,具体如表1-2所示:

表1-2 各省份"省直管县"改革路径

改革路径	适合省份
全面推行"行政省直管"体制	浙江
在地级市的带动下稳步推行"财政省直管"体制,适时推进"行政省直管"体制	广东、山东、江苏
发展重点不是县域经济,而是做大中心城市,推行"财政省直管"体制,产粮大县优先纳入	河南、四川、河北、湖南、湖北、辽宁

---

① 刘尚希:《当前省直管县改革存在的误区》,《中国党政干部论坛》2014年第7期。

续表

改革路径	适合省份
暂缓推行"省管县"体制，维持"市管县"体制，加大一般性转移支付规模，规范财政转移支付程序	安徽、广西、云南、福建、黑龙江、陕西、山西、江西、吉林
不推行"省直管县"体制改革	贵州、甘肃、内蒙古、新疆、青海、宁夏、西藏

资料来源：根据各省份"省直管县"改革文件汇总得到。

无论是诸多省份的扩权改革，还是由"财政省直管"向"行政省直管"逐渐推进的浙江模式，抑或"行政省直管"一步到位的海南模式，都是基于自身省情选择的结果。但有学者认为，长远来看，"以财政改革推动行政改革，不仅会陷入体制不顺的困境，也会造成政府职能执行中的诸多问题"①；王雪丽更是直接批评由"财政省直管"过渡到"行政省直管"简直就是"本末倒置"。"财政省直管县"体制改革只是行政"省直管县"改革的组成部分或前期阶段，其解决的只是管理技术问题，不会遭遇太大的阻力，但也解决不了改革的根本问题；"行政省直管县"体制改革才是重新分配行政权力和社会资源的大手术，牵涉面广，改革步履维艰，但立足于解决地方政府治理的实质性问题。因此，正如钟晓敏所述："各地鲜活的财政省管县实践必将走向行政体制的省管县，这是改革的必然选择。"②

三 "省直管县"体制改革的问题、对策及态度分歧

（一）"省直管县"体制改革显现的问题及对策总结

姜秀敏、戴均良认为"省直管县"体制内在的制约性因素，如省级政府管理的幅度变宽、管理难度增加，地级市的干扰或阻挠，人员精简问题，相关配套措施不到位等，从长远来看可能会导致政府行政成本不降反升、"诸侯经济"现象加剧、地方政府无序开发、制约区域性中心城市的发展、引发区域性公共产品供给危机等。周湘智对681个强县扩权试点县进行实证

---

① 寇明风、王晓哲：《省直管县改革的三维视角：历史经验、西方模式与实践问题》，《地方财政研究》2010年第3期。
② 钟晓敏、操世元：《省直管县改革：缘起、路径与未来方向》，《财经论丛》2011年第6期。

分析，总结了改革中出现的四大主要问题：一是权力下放打折，"放小不放大、放虚不放实"；二是"财政省直管"造成财政体制与行政体制相冲突，导致行政成本不降反升等制度意外；三是县级政府部门的"能力短板"导致不能用好、用活下放权力，影响了部分职权的有效运行；四是扩权对象过度侧重发达县，导致强县更强、弱县更弱。① 陈喜生则把"省直管县"改革的问题归结为五个方面：一是地级市对扩权县的支持力度减弱；二是地级市为保自身利益与县争利；三是垂直部门定位模糊；四是因管理幅度增加加大了省级调控的难度；五是县级能力和资源出现短板。王雪丽把"省直管县"问题也归结为五个方面：一是省以下政府间利益格局重组；二是"以级定权"的权力配置制度面临挑战；三是地方政权体系面临重构；四是"条块"矛盾阻碍改革前行；五是权力监督体系失衡。②

对于改革中产生的问题及其对策，诸多学者的认识大体相同，总结起来，主要集中在以下几个方面。

1. 扩权政策与国家法律法规或现行其他体制冲突的问题

受《行政许可法》的制约，地级市的政府管理权限在相关法律中有明确规定，许多下放的审批权缺少法律法规的支持而无法执行，致使许多权力难以真正下放。如部分扩权项目和现有的一些法律法规相抵触，导致一些政府行政败诉案件增多，致使放权单位不敢放权，或者中途收回权限；条块之间缺乏协调，垂直部门各自都有自上而下的一套行政管理体制，有的扩权政策在执行中与垂直管理部门的法律法规有矛盾，导致难以下放到位。针对此类问题，学界给出的对策就是对不适应省直管体制的进行配套改革。

2. 财政体制与行政体制互相冲突

从根本上说，财政是行政的重要组成部分，因此，财政体制必须遵循行政体制的组织原则。目前，我国地方行政架构仍以"省—市—县"为主，行政"市管县"、财政"省管县"会不可避免地产生市、县之间的摩

---

① 周湘智：《"强县扩权"改革试点评估及拓展路径——基于681个试点县（市）的实证分析》，《领导科学》2009年第27期。

② 王雪丽：《中国"省直管县"体制改革研究》，天津人民出版社，2013，第165页。

擦和冲突。县财省管，架空了地级市的财政权，但人事权仍然掌握在地级市手里，市级政府要求县里干事，却不负责在财力上给予支持，甚至故意打压县；县级的干部流动受阻、评优先被排挤，有利时市、县相互争夺，承担责任时市、县相互推诿。学界给出的对策方案是责成省级部门监督市排挤县的行为，或者实行"行政省直管"。很显然，第一种方案大大增加了省级的管理成本，这与改革的初衷是相悖的，所以是不足取的。

3. 财权与事权不相匹配问题

"财政省直管"只是减少了财政分配的链条，省以下各级政府在事权和财权划分上却没有实质性变化，并且出现了事权下移、财权上收的问题，造成县级政府的事权大财权小、财权与事权不匹配。对于这种问题，学界给出的对策几乎是一致的，就是在事权划分好的基础上，按照财权与事权相匹配的原则划分财权，乍看起来答案是美丽的，但实际操作确是很困难的，因为事权的划分是一个很大的难题。

4. 权责扩大与监督脱节问题

实行财政直管、权力下放，对省级来说，由于管理幅度增大，工作量剧增，管理压力增大，对县市监督难免力不从心；对市级来说，失去了部分财权，也就失去了继续管理直管县的动力和兴趣，造成对直管县权力监管的真空；而对直管县来说，如果管理能力和业务水平没有提高，很容易导致投资冲动和利用扩大的财力、权力建设形象工程，难以保证财政资金的使用效率。有学者认为，解决这个问题可以通过划小省区、缩小监督范围，也有学者认为可以在省级成立专门的省直管县管理委员会，专门负责对直管县的监督问题，还有学者建议建立基于指标考核的自我监督体系。

5. 省辖市发展与县域经济发展出现新的不协调

一些"偏城市论"的学者认为，"省直管县"体制虽然会促进县域经济的发展，但同时会减小中心城市的发展空间，从而削弱中心城市的规模和聚集效应，不利于区域经济增长极的形成并发挥作用。而且，"省直管县"体制会使发达的省辖市甩掉落后县的"包袱"，变得更发达，不发达的省辖市则会因失去强县而愈不发达，造成城市差距的扩大，形成新的城市之间的"马太效应"。所以，解决县域经济发展的问题不应该用"省管县"代替"市管县",而应该加大对县的财政转移力度。

6. 区域经济一体化发展受阻

从地方区域治理的视角出发,学界对"省直管县"体制改革的最大隐忧就是省直管县体制若不能突破"行政区经济"的封锁,就会使市与市之间的壁垒演化成县与县、市与县之间的壁垒,县域经济更加"孤岛化",阻碍区域经济一体化向更大的地域空间发展。一些学者建议成立区域经济联合组织,按市场规律在区域内自愿交流与流动,汪健等学者建议实行"复合行政"。

(二) 对"省直管县"体制改革的态度分歧

"省直管县"体制改革作为一项重要而复杂的行政体制改革,由于改革影响面大,影响度深,无论是理论层面还是实践层面,都对其持较为谨慎的态度。伴随着改革推进过程中各种效应和问题的出现,学界对"省直管县"体制改革的态度分歧也越来越明显,主要呈现出三种态度走向:认同、反对、有条件认同。

1. 认同者的观点

改革初期,基于浙江省的示范效应、地方政府层级划分的国际惯例、政策"红利"的释放以及对改革成效的期待,"省直管县"体制改革得到了理论界和实践界的一致认同。例如,汪宇明认为,"省直管县"体制的推行有助于"构建层级简化、规模合理、活力旺盛的政府体制"[①]。贾康、白景明等指出"通过减少政府层级最终形成三级财政的管理模式"[②] 是发达市场经济国家的普遍经验。吴云法、杨之刚等认为"省直管县"体制既有利于降低行政成本,又有利于发挥省级财政资源分配的调控作用,可以通过促进县域经济发展实现城乡协调发展的目标。即使在省直管县体制遭遇困境时,部分学者仍坚信"省直管县"体制是地方政府制度创新的方向。例如,张占斌指出"省直管县"体制改革不仅可以提高行政效率、增强县域活力,还是国家城镇化发展的有力支撑。孙学玉从经济体制特点、

---

① 汪宇明:《中国省直管县市与地方行政区划层级体制的改革研究》,《人文地理》2004 年第 6 期。

② 贾康、白景:《中国地方财政体制安排的基本思路》,《财政研究》2003 年第 8 期。

区域经济关系变化、通信技术发展、试点经验积累、学界与社会舆论基础等方面论证了实行"省直管县"体制的必要性和可行性。罗植等采用福建和浙江两个省份的县域面板数据，通过构造自然实验的方式建立双差方模型，实证检验"省直管县"体制对经济绩效的净因果效应。结果证明，"省直管县"体制对县域经济绩效具有积极、显著、持续的影响。① 谭之博、周黎安等利用倍差法对全国省市县 1999—2010 年的面板数据进行分析，得出"省直管县"改革提高了县级财政分权水平，降低了市级财政分权水平，在民生方面，有助于缩小城乡收入差距，而且改革效果具有一定的持续性。②

2. 反对者的观点

不可否认，"省直管县"体制改革确实体现出行政效率提高、县域政府自主权扩大、县域可支配资源增多的成效。但随着改革的深入推进，改革牵涉的因素越来越复杂，"省直管县"体制的问题逐渐暴露，学界对"省直管县"体制改革也陷入了"冷思考"阶段，其中相当一部分学者对改革的态度发生了变化。一些学者认为，浙江县域经济的强大是实行"省直管县"体制的原因而不是结果，浙江经验不具有可复制性，"省直管县"体制改革不但实现不了预期目标，甚至会带来更多的问题。学界对"省直管县"体制持反对态度的原因主要集中在造成县域经济的孤岛化和区域经济的碎片化、中心城市空心化和城市化进程受阻、县域产业同构和重复建设、县级权力失控和滥用等方面。刘尚希曾描述"直管县"改革陷入了目标误区、国情认识误区和分权误区，改革目标模糊，一些地方由于压力或政绩冲动，照搬国外经验，至今还没弄清改革要解决什么问题、能解决什么问题，单纯地为改革而改革，使改革走向形式主义，这样的改革会犯下颠覆性的错误，甚至割裂县域间内在的经济联系，导致县域的孤岛化和经济的区域结构碎片化，这些"不利于地方治理体系的完善，与促进地方治

---

① 罗植、杨冠琼等:《"省直管县"是否改善了县域经济绩效：一个自然实证证据》,《财经研究》2013 年第 4 期。

② 谭之博等:《省管县改革、财政分权与民生：基于"倍差法"的估计》,《经济学》（季刊）2015 年第 4 期。

理现代化和城镇化的健康发展不相吻合"①。寇明风、王晓哲认为"省直管县体制改革并没有解决县域经济发展的问题,因为整个中国由于内需不足而出现产业空洞,县域内更不可能有良好的产业基础,同样省管县体制改革,也没有解决体制效率的问题,反而又增大了体制摩擦和交易成本"②。贾俊雪等学者通过搜集1938个县在5年间的财政面板数据并进行实证分析后得出了"省直管县"体制不但没有提高县级财政的自给率,反而一定程度上加剧了县级政府的财政困难的结论。③ 刘佳等对河北省136个县的公共物品供给进行了面板数据的实证分析,得出"省直管县"体制严重扭曲了县域的公共物品供给结构。④

3. 有条件认同者的观点

区别于"支持"与"反对"两种态度,大多数学者对"省直管县"体制改革持"有条件认同"的态度,认为"省直管县"改革的方向是正确的,但仅指望单一的"省直管县"改革来解决"市管县"体制的问题是不现实的,改革是一项复杂的工程,必须和配套改革一起进行,才能解决改革中出现的问题,保证预期目标的实现。这些配套改革主要包括转变政府职能、启动县政改革、完善地方财政分权体制、建设省市县良性的府际竞合关系和区域治理体系等。

市场经济体制下政府与市场的新型关系导致的政府职能的转变是实行"省直管县"体制的重要前提,正如王仰文所述,"如果不能从政府与市场关系的角度推进'省直管县'体制改革,则传统体制下的种种弊端就无法根除"⑤,并且认为如果不能从根本上转变政府职能,改革也就走不出机构精简与膨胀、权力上收与下放的循环怪圈,会使改革成效大打折扣。黎昌珍认为在政府职能转变没有取得突破性进展,经济建设型政府向服务型政

---

① 刘尚希:《当前省直管县改革存在的误区》,《中国党政干部论坛》2014年第7期。
② 寇明风、王晓哲:《省直管县改革的三维视角:历史经验、西方模式与实践问题》,《地方财政研究》2010年第3期。
③ 贾俊雪:《财政分权、政府治理结构与县级财政解困》,《管理世界》2011年第1期。
④ 刘佳等:《省直管县改革对县域公共物品供给的影响——基于河北省136县(市)面板数据实证分析》,《经济社会体制比较》2012年第1期。
⑤ 王仰文:《省直管县行政管理体制改革的制度掣肘与前景瞻望》,《理论与改革》2011年第2期。

府转变没有取得实质性成效之前，"省直管县"或"省直管县"财政改革的绩效必定是有限的，充其量只能在提高行政效率、降低行政成本方面取得一定的成绩，难以破解"市管县"的体制难题并突破"生产建设型"财政的局限。王健、吴金群等学者都指出，区域一体化受阻的根本原因不在于"行政区经济"的束缚，而在于政府职能转变的滞后，"省直管县"体制下区域合作机制的建立需要彻底转变政府的职能。

诸多学者都认识到了县在中国政治中的重要地位。徐勇曾用"接点政治"的概念把县描述为"城市与乡村、传统与现代、中心与边缘的'接点'"①。于建嵘、樊红敏等则以县的"节点"地位为出发点，把县政改革作为发展县域经济和县域治理的突破口和关键点，认为"没权、没钱、没人、没地"导致县级政府主导本地经济社会建设的乏力，成为制约县域经济发展的突出问题，是国家现代化发展战略长期以城市为中心的治理缺陷；并进一步指出，"省直管县"体制若只是着眼于强化县的经济和财政功能，而不是以提高县政的治理能力为出发点，就不能有效克服县域治理的危机，县政自治是突破扩权改革困境的方向和目标。② 于建嵘认为，当前所进行的行政分权式的"省直管县"体制改革"在加强县级政府自主权的同时，也增加了权力滥用和公共利益被损害的风险，因此，需要进行真正意义的政治分权和司法分权，通过分权确立对执政者的制约，建立真正意义的责任政府"③。

贾康、杨志勇等学者认为，解决县乡财政困难是"省直管县"体制改革的一个重要目标，县乡财政困难的根本原因是1994年的分税制改革没有解决省以下政府间制度化的税收划分，使地方政府的财权划分随意性很大，造成"市管县"体制下"事权下移，财权上移"的县级政府财权与事权的不匹配，再加上农业税的取消，使县乡财政困难雪上加霜。贾康认为"地方财政困难主要是制度缺陷所致，根本出路在于制度创新"④，指出问

---

① 徐勇：《"接点政治"：农村群体性事件的县域分析——一个分析框架及以若干个案为例》，《华中师范大学学报》2009 年第 6 期。
② 樊红敏：《县政改革：中国改革下一步的关键点》，《中国行政管理》2011 年第 1 期。
③ 于建嵘：《中国宪政改革的目标和基本路径》，《甘肃理论学刊》2008 年第 4 期。
④ 贾康：《财政的扁平化改革和政府间事权划分》，《中共中央党校学报》2007 年第 6 期。

题的根源在于分税制不彻底导致的事权与财权的不匹配、政府间财政关系的不明晰，解决的途径在于"通过省直管县财政体制创新，重新设计财政体制，由原来的五级精简为三级"①。庞明礼、汤伶俐等学者并不完全赞同这种说法，其认为"省直管县"财政体制只是减少了财政分配的链条，没有从根本上改变财权与事权不匹配的格局，因此并不能解决县乡财政困难。刘佳等学者将6个省份458个县的经济数据以"财政自给率"为主要指标进行实证分析后，发现"省直管县改革的政策效应主要表现在当年，且改革整体效应表现出较强的边际效应递减趋势"②，再一次指出事权与财权的不匹配是导致县级财政困难的根本原因。"省直管县"改革如果不能解决这一问题，其"解决财政困难的作用可能非常有限，从而导致其效果仅能维持两年"③。这些学者的一致看法是"省直管县"改革要想取得持续的成效，就必须建立制度化的事权与财权相匹配的地方政府财政分权体制。

从地方区域治理的视角出发，学界对"省直管县"体制改革的最大隐忧就是省直管县体制若不能突破"行政区经济"的封锁，"将会阻碍区域经济一体化向更大的地域空间发展"④，"使市与市之间的经济壁垒转变为县与县之间的行政壁垒"⑤，"割裂早已形成的区域一体化公共服务体系，进而导致公共资源配置效率的严重损失"⑥，改革将"重蹈'行政区经济'的发展思路，在体制上形成反弹"⑦。徐勇在论述县级政府在国家治理中的地位时指出，"将县置于整体社会发展和国家治理体系中分析，采取相互联系的整体性措施"⑧。朱国伟、陈晓燕认为，"省直管县"体制能否达到

---

① 贾康：《财政体制改革的反思与对策》，《审计与理财》2007年第10期。
② 刘佳等：《省直管县改革与县级政府财政解困——基于6省面板数据的实证研究》，《公共管理学报》2011年第3期。
③ 刘佳等：《省直管县改革与县级政府财政解困——基于6省面板数据的实证研究》，《公共管理学报》2011年第3期。
④ 刘尚希等：《"财政"省直管县改革的风险分析》，《当代经济管理》2010年第10期。
⑤ 何显明：《市管县体制绩效及其变革路径选择的制度分析——兼论"复合行政"概念》，《中国行政管理》2004年第7期。
⑥ 王雪丽：《中国"省直管县"体制改革研究》，天津人民出版社，2013，第16页。
⑦ 王钢等：《"都市圈"与"省直管县"的冲突与协调》，《城市问题》2009年第12期。
⑧ 徐勇：《"接点政治"：农村群体性事件的县域分析——一个分析框架及以若干个案为例》，《华中师范大学学报》2009年第6期。

预期目标，取决于能否"建立一种包含了省市县各级府际关系问题的整体性制度安排，使各权力主体在没有行政权力直接干预的情况下主动走向合作，使资源能够自由流动和合理配置"①，并指出"区域评价机制要着重于府际协调、府际合作，着重于发展之中的科学性、战略性"②。张京祥认为"省直管县"体制不能仅仅着眼于消除"市管县"体制的弊端，而要进行一系列制度的整体性设计，指出市场经济体制下府际间通过谈判、协商、契约等方式来实现区域合作治理已经成为必然趋势，但"省直管县"体制没有形成一种好的区域治理模式，为避免改革导致的分散化治理，提出"构建双层制大都市区治理体系，以此跳出反复进行区划调整、地方行政建制调整的怪圈"③。柯学民以地方治理为切入点，指出"省直管县"改革需变革"压力型体制"、淡化行政层级观念、超越行政区划的界限、消除地方保护主义，在平等、合作、分权、协调的基础上塑造新型府际关系，"建立不同区域地方政府之间的政策协调与沟通合作机制，推动区域经济协调发展"④。因此，建立省市县府际间的区域合作治理机制是"省直管县"体制发挥成效的重要保障。

四 "省直管县"体制改革实践研究评价

从 1992 年浙江省的扩权改革算起，"省直管县"改革已经进行了 25 年，诸多学者从不同学科角度出发，利用不同的理论对改革进行了深入细致的分析，研究成果十分丰富：改革的目标多重、改革的模式多样、改革的路径多条、改革的问题重重、改革的"药方"繁多、改革的褒贬不一……不可否认，"省直管县"改革丰富的研究成果给后续研究和实践积累了资料、提供了借鉴，但研究结论的多样和繁杂却也是"乱花渐欲迷人眼"，使许

① 朱国伟、陈晓燕：《省直管县有效性实现的府际关系因素分析》，《云南行政学院学报》2008 年第 3 期。
② 朱国伟、陈晓燕：《省直管县有效性实现的府际关系因素分析》，《云南行政学院学报》2008 年第 3 期。
③ 张京祥：《省直管县改革与大都市区治理体系的建立》，《经济地理》2009 年第 8 期。
④ 柯学民：《"省直管县"体制改革持续推进研究——基于地方治理的分析框架》，《行政与法》2014 年第 12 期。

多后续研究者和改革实践者对"省直管县"改革面貌的认识没有越来越清晰，反而越来越模糊了，改革的信心不是越来越坚定，而是越来越犹豫，并且对改革的主要问题产生了一系列的怀疑。

（一）对已有研究的质疑

已有文献研究给"省直管县"改革设定了诸多目标，赋予了多项重要功能，"省直管县"改革要实现的目标到底是什么？是发展县域经济、统筹城乡发展、提高行政效率、构建区域一体化治理体系，还是重塑地方政府权力关系？这诸多目标有无联系？能否统一到一个目标体系中？改革承载的诸多使命，能否毕其功于一役？

"省直管县"改革试点县的基础条件要求种类繁多、观点各异，有的"偏爱"工业强县，有的"钟情"农业大县，但有没有一个可依据的权重因素指标体系？如果有，设计的复杂性是否还有参考意义？

改革的路径有"扩权强县""强县扩权""财政直管""行政直管"等多种模式及组合，到底选择哪种模式有科学依据？改革的路线图是渐进主义，还是可以采取一步到位的跨越式？

2002年、2005年、2010年的三轮"省直管县"改革积累了诸多改革经验，为什么当前改革再次陷入了"进退两难"的境地？[①] 原因是方案不济，还是改革执行不力？是缺乏顶层设计，还是分歧太大，以致改革缺乏共识？下一步改革的出路又在哪里？

（二）"省直管县改革"研究结论预设

根据以上疑问，并进行深入思考分析，本书对"省直管县"改革的研究形成了以下"预判性"结论。

第一，已有文献对"省直管县"改革目标定性太多、研究结论分歧太大，导致理论层面和实践层面就改革达成的共识又一次破裂，所以疑虑重重、不敢推进。学界站在"省直管县"的场域里研究"省直管县"，由于视野局限而看不清"改革"的大背景和全貌，把"省直管县"改革当成了

---

① 冯俏彬：《"省直管县"何去何从——基于新型城镇化与行政区划改革背景》，《地方财政研究》2016年第2期。

解决所有县域问题的"一招鲜",赋予了改革太多的目标和功能,导致了其他改革的"离场"和"省直管县"改革的超载,以至于当一些目标或功能没有实现时,就归结为"改革"失灵,进而丧失继续推进改革的信心,这应该是改革处于进退两难、停滞不前境地的原因之一。在本书看来,无论直接还是间接,"省直管县"改革的目标最终都是通过发展县域经济实现城乡协调发展,认清"省直管县"改革的目标有利于在纷繁复杂的利益诉求中坚持改革初衷和方向,有利于在实现"城乡协调发展的帕累托改进或最优"的原则下进行改革的制度框架设计。

第二,"省直管县"改革越深入,触及利益面越广,问题就越多,难度也越大。已有文献对以往三轮改革的研究都没有跳出"老问题、老方法"的窠臼。这些"头疼治头,脚疼治脚"的政策建议,规划不够长远,视角偏于狭窄,缺乏系统性和可行性。此时,如果中央顶层不授权,改革的领导者缺乏打破旧有利益藩篱的勇气和系统性改革的策略,改革就难以走出困境。

第三,改革试点满足的基础条件和路径选择,目前没有可依据的科学标准。本书认为以能否促进城乡协调发展的目标为依据,应优先将农业大县、贫困县纳入"省直管县"行列,因为这些县之所以成为农业大县、贫困县,正是因为它们是被遗忘的统筹城乡发展的"盲区"。这些预判性结论将成为本书当前或今后研究的着眼点。

"省直管县"体制改革属于地方治理的范畴,属于地方政府的制度创新,改革的主动权和选择权应掌握在地方政府,特别是省级政府的手里,地方政府的每次成功创新都会在国家治理中发挥实验、示范和减震效应。当前,"省直管县"改革进入了深水区和攻坚期,处处是难啃的硬骨头,打破现有利益格局的艰难极易使实践者产生改革疲劳或丧失改革精神,这时,改革新理念与传统动力转换机制之间的张力越来越大、矛盾越来越突出。[①] 但是,正如学者所言,"真正的改革都是要涉及到权力关系和利益结构的重大调整的,这就决定了改革的成效决不是轻而易举,唾手可得,而

---

① 周志忍:《深化行政改革需要深入思考的三个问题》,《中国行政管理》2010 年第 1 期。

是需要承担风险的，'改革的红利'也往往是与改革的风险成正比"①。因此，在重大改革难题面前，改革者的勇气甚至比智慧更加重要。

第四节 "省直管县"体制改革与城乡协调 发展关系研究

城乡关系由社会发展阶段和发展政策塑造生成，包括"失衡"和"均衡"两种状态，均衡的城乡关系会促进社会向前发展，严重失衡的城乡关系则会滋生城乡矛盾，阻碍经济和社会的发展。既然城乡关系一定程度上是主观政策塑造的，因此，与社会发展不相适应的城乡关系自然也可以通过政策改革进行调适，诚如学者范今朝所述："城乡关系从'失衡'到'均衡'的变迁，并非是一个自然而然的过程，他需要执政者在认识和把握规律上的积极作为，正确选择工业化、城市化路子，适时调整城乡关系和政策取向，这种作为就是党的十六大提出来的统筹城乡发展。"② 这一论述既反映了统筹城乡发展亟需国家改革政策支撑，又与马克思所述的"城乡融合不是一件自然而然的事情"相呼应。关于"省直管县"体制改革是不是促进城乡协调发展的有效制度供给，学界的观点一般是从理论上承认，而从实践上质疑。

梳理诸多关于统筹城乡协调发展与"省直管县"改革的文献可知，部分论述统筹城乡协调发展的文献会提到"省直管县"改革，并将其作为一项有利于统筹城乡协调发展的行政体制改革，但凡是论述"省直管县"改革的文献，几乎无一不提到城乡一体化、破解城乡二元结构、统筹城乡发展、城乡协调发展等。由此可以判断，"省直管县"改革是实现统筹城乡发展的一项重要的行政体制改革，但不是唯一的改革手段，统筹城乡协调发展是一项艰巨的系统性的国家发展战略，不是单靠"省直管县"改革就

---

① 人民论坛编《大国治理——国家治理体系和治理能力现代化》，中国经济出版社，2014，第236页。

② 范今朝：《行政区划体制与城乡统筹发展——以浙江省当代改革实践为例》，东南大学出版社，2008，第62页。

可以完成的，它需要多种制度改革的配套实施。而促进城乡协调发展却是"省直管县改革"最为重要的目标，当然，也可以此为契机达成其他一些目标，如行政效率提高、行政区划优化等，甚至可以"省直管县"改革为契机，引领其他行政改革，如垂直部门管理改革、司法系统管理体制改革等。这些判断可以在学者的著作或文章中感知到，也可以从党的报告或文件中看出。

对"省直管县"改革做了深入研究的张占斌教授在《省直管县体制改革的实践创新》这部著作中，把"省直管县"改革的战略意图描述为四个需要：一是改变资源配置方式，提升县域经济地位的需要；二是加快统筹城乡发展，建设社会主义新农村的需要；三是解决县乡财政困难，维护基层农村稳定的需要；四是改变政府农村公共服务职能薄弱的需要。① 从这四个描述可以看出，上述四个需要都是偏农村的，都是要把更多的权力、资源和服务配置到农村，实现城乡协调发展。王雪丽在《中国"省直管县"体制改革研究》一书中把"省直管县"改革的目标分为近期目标和终极目标，近期目标为减少政府层级、壮大县域经济、加快城乡统筹发展、实现城乡基本公共服务均等化，终极目标为"构建与社会主义市场经济体制相适应的'以域代属、按需定责'的区域治理体系"②。书中特别强调，"省直管县"体制改革有助于促进城乡统筹发展，所以"省直管县"改革要置于统筹城乡发展和城市化的背景下进行，但城乡统筹是一项综合性很强的系统工程，不是单靠"省直管县"改革就能完成的；同时该书进一步解读了"省直管县"改革与统筹城乡协调发展的关系。潘晓娟、吕芳等在《聚焦省直管县体制改革攻坚》一书中指出，统筹城乡发展既是"省直管县"改革的出发点也是落脚点，并认可张占斌提出的"省直管县"改革要解决"资源配置权下移、公共服务统筹权上移"两个关键问题，认为改革应实现"资源配置权下放到县、公共服务统筹权上移到省"。③

尽管三部关于"省直管县"改革的专著都毫无悬念地承认"省直管

---

① 张占斌：《省直管县体制改革的实践创新》，国家行政学院出版社，2009，第28页。
② 王雪丽：《中国"省直管县"体制改革研究》，天津人民出版社，2013，第34页。
③ 潘晓娟、吕芳：《聚焦省直管县体制改革攻坚》，中国社会科学出版社，2013，第34页。

县"改革的目标是促进城乡协调发展，但著作并没有以此目标为主线，设计"省直管县"改革的制度框架，只是比较雷同地列出了"省直管县"改革遭遇的所有问题，以及解决所有问题的诸多方案，也没有论证这些方案是否具有可行性，是相互联系还是相互冲突，给人一种"不知哪样病最厉害，也不知道吃那样药最治病"的感觉。本书恰恰是想依据"瞄准主要目标—找出主要问题—寻求系统方案"的思路研究"省直管县"改革，给"进退两难"的"省直管县"改革提供走出"困境"的政策建议。

第五节 "国家治理现代化"理论对"省直管县" 改革研究的启示

习近平同志提出的"国家治理体系和治理能力现代化"理论是十八大以来中国共产党治国理政的核心思想，"城乡一体化"发展是我国地方治理现代化及国家治理现代化的重要内容。"省直管县"行政体制改革从形式上看是地方行政层级变革，其实质则是对省以下地方政府间人事、行政、财政关系的深刻调整，是地方政府间权力、利益格局的重塑，改革牵一发而动全身。我国行政体制改革中央财经领导小组办公室主任杨伟民解读党的十八届三中全会的《中共中央关于全面深化改革若干重大问题的决定》时指出，"国家治理水平是检验社会制度是否完善、定型的重要标志，改革要形成稳定成熟的制度体制，而不是缺乏定势、变来变去的体制机制"[1]。"省直管县"体制改革必须置于国家治理现代化的目标框架内进行设计，才能避免行政权力陷入"一收就死，一放就乱"的怪圈及行政区划陷入"变来变去"反复调整的泥潭，保障"省直管县"体制改革的持续推进和"省直管县"体制的稳定、持久运行，实现"省直管县"体制改革统筹城乡发展和地方治理现代化的目标。

首先，国家治理现代化的论断说明制度建设是一个不断创新、建设、试错、完善的过程，宏观上为"省直管县"体制改革提供了哲学方法论。

---

[1] 人民论坛编《大国治理：国家治理体系和治理能力现代化》，中国经济出版社，2014，第3页。

论断指出，中国的改革是渐进式的改革，"胆子要大，步子要稳，步子要稳就是要统筹考虑、全面论证、科学决策"①，要把加强中央的"顶层设计"和地方"摸着石头过河的经验"结合起来。地方治理的顶层设计固然重要，但必须以基层为根基，因为顶层设计的方案终归要拿到地方去落实，看能否提升地方的治理水平，正如美国议长奥尼尔所说，"一切政治都是地方的"。陈云同志也曾经提出，"改革固然要靠一定的理论研究、经济统计和经济预测，更重要的还是从试点着手，随时总结经验，也就是要'摸着石头过河'。开始时步子要小，缓缓而行。这绝对不是不要改革，而是要使改革有利于调整，也有利于改革本身的成功"②。将加强中央的"顶层设计"与地方"摸着石头过河"的经验相结合，只要是中央明确授权的领域或地方，可以制定实质性、精细化的改革方案，不等靠要，而是大胆地先行先试，为"省直管县"体制改革的推进提供较为完整的方法论。

其次，国家治理现代化理论从两个维度描述了"省直管县"体制改革所要实现的县域治理图景：一是如何通过改革实现县域内多元主体的有序协同治理；二是如何通过改革构建出省以下纵向政府间权、责、利科学划分的多层级、高效的地方治理结构，使中央、地方两个积极性都充分发挥出来。

最后，国家治理体系现代化理论从微观层面为"直管县"体制改革各种具体问题的解决指明了方向。国家治理体系是一整套紧密相连、相互协调的国家制度；国家治理能力主要指运用国家制度实现治理目标的能力，包括国家机构人员的履职能力和人民群众依法管理国家、社会和自身事务的能力。习近平同志指出，国家治理体系和治理能力是一个国家的制度和制度执行能力的集中体现，两者相辅相成。③ 治理体系现代化理论强调了"省直管县"体制改革是对地方治理结构的优化，必须进行财政、司法、垂直部门管理等配套制度改革；治理能力现代化理论强调了"省直管县"

---

① 习近平：《关于〈中共中央关于全面深化改革若干重大问题的决定〉的说明》，中国政府网，http://www.china.org.cn/chinese/2014 – 01/16/content_31215162.htm，最后访问日期：2014 年 1 月 16 日。

② 《陈云文选》第 3 卷，人民出版社，1995，第 279 页。

③ 《习近平关于协调推进"四个全面"战略布局论述摘编》，中央文献出版社，2015，第 81 页。

改革提高干部履职能力、培育公民社会自治能力，以及横向府际协作与区域合作治理的重要性。

国家治理体系和治理能力的现代化对党、国家、社会各项事务治理的根本要求是制度化、规范化和程序化，"三化"的根本目的在于保障国家治理的低成本、高收益，这也正是国家制度现代化的本质。"省直管县"体制改革的目标正是通过减少行政层级来降低行政成本、提高行政收益，与制度现代化的本质不谋而合，增强了"省直管县"体制的制度自信和将其推向深入的信心。

第二章

"省直管县" 体制促进城乡协调发展的机理

"省直管县" 体制促进城乡协调发展的机理是指 "省直管县" 体制促进城乡协调发展要有事实和理论依据，"省直管县" 体制改革的推进和制度的完善要遵循城乡协调发展的要求。县域发展是 "省直管县" 体制改革的目标，又是城乡协调发展的手段。"省直管县" 体制改革的目标宏大，调整的利益关系复杂，改革进行到关键点时，限于突破的难度，很容易陷入 "进退两难" 的境地。明晰 "省直管县" 体制促进城乡协调发展的机理，对坚定改革方向、形成改革共识、鼓舞改革士气和完善改革制度设计都有重要意义。

第一节　相关概念及问题厘定

论证 "城乡协调发展" 与 "省直管县" 体制改革的机理，必须明晰 "城乡协调发展" 与 "省直管县体制改革" 的内涵与外延及其他相关定义。

一　"城乡协调发展" 概念的内涵与外延

界定 "城乡协调发展" 的内涵和外延，对城乡协调发展的路径选择和水平衡量有重要作用。

（一）城乡协调发展相关概念辨析

在文献资料、政府工作报告或党的会议文件中，出现了多种描述城乡关系的概念，如城乡均衡、城乡协调、城乡融合、城乡一体化、统筹城乡、城乡统筹、城乡差距、城乡差别等，这些概念相互关联又相互区别，根据需要，本书重点对以下几组概念进行辨析。

1. 城乡差距、城乡差别和城乡统筹

城乡差距是指城市和乡村在政治权力、经济条件、基础设施和公共服务以及发展机会等方面存在的质和量上的不均衡状况。城乡差别是指城乡之间在政治、文化、经济、社会及其他方面存在的相异之处。有差距一定有差别，有差别不一定有差距。统筹（plan as a whole），就是整体规划的意思；城乡统筹，就是在政府的主导下，把城市和乡村作为一个有机联系的整体筹划其发展，最终形成城乡政治、经济、社会、文化、生态等各个方面均衡、协调、互动发展的格局，其具体体现为城乡之间资源的自由流动，享受到平等的政治、经济、文化权利和机会，具有大致相同的生活水平。①

城市和乡村，前者是城市型建制，后者是广域型建制，二者在自然特征和功能上存在差别又各具特点，因此城乡统筹不是把城市变成农村，也不是把农村变成城市，其目标是在缩小或者消灭二者在权利和资源分配差距的基础上，保留各自有益的差别，通过资源的流动实现城乡的优势互补，使城乡处于不同而又协调的共同的发展状态。

2. 城乡统筹、城乡一体化、城乡融合

城乡统筹与统筹城乡在诸多场合被混用，虽然二者词性不同，但表达的意思基本相同，只不过分别从静、动两种状态来表示社会发展过程中要兼顾城乡利益、实现城乡均衡发展。城乡统筹和城乡一体化的共同点是拒绝城市和乡村的割裂，把两者作为相互关联的整体一起发展。二者的区别在于城乡统筹在兼顾二者发展的同时仍分别保留各自的空间和特征，认可和接受城市和农村之间的差别；城乡一体化则是尽量缩小城乡之间的差别，形成城乡统一的生产力标准和生活状态。因此，可以说城乡一体化是比城乡统筹更高级的城乡均衡发展的状态。城乡融合是城市和乡村之间可以进行自由平等的资源流动、城市乡村协作共赢、城乡差别淡化的最高级别的城乡均衡发展的状态。城乡一体化与城乡融合具有本质上的一致性，如果非要区分差别的话，则城乡一体化更加强调城乡的平等，而城乡融合

---

① 邵峰：《均衡浙江：统筹城乡发展新举措》，浙江人民出版社，2006，第16页。

除了平等之外，还体现了城乡关系的自由、交互与和谐。城乡一体化发展与城乡融合都是城乡统筹发展的理想状态，当然这两种理想状态的达成，也绕不过城乡统筹这个阶段，三者的关系可以参见图 2 - 1：

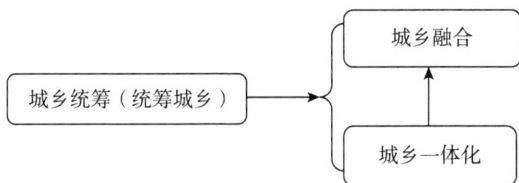

图 2 - 1　城乡统筹等概念关系

（二）"城乡协调发展" 的内涵和外延界定

城乡关系政策大致可以分为"偏城市论"、"偏农村论"和"城乡协调发展论"三种模式。一般在生产力水平不太发达的阶段，或者为了国家阶段性战略发展目标的需要，执政者会选择非均衡的"偏城市"或"偏农村"的城乡关系政策，但当生产力发展到一定水平，自由、平等与和谐成为占主导地位的共同追求时，城乡协调发展是最理想的城乡关系状态。关于"城乡协调发展"的内涵，不同学者给予了不同的描述，但共性都是要求政府在处理城乡发展问题和制定社会发展政策时，把城市和农村作为一个有机联系的整体统筹考虑、科学规划，使城乡居民享有大致相同的权利、资源、服务和机会，通过城乡之间资源和要素的自由流动、相互渗透，在城乡之间形成一种互动、融合、协调的格局状态，达到城乡的共生发展。城乡协调发展不只是经济的协调发展，还涵盖了城乡政治、经济、文化、社会和公共服务等多方面的协调发展。城乡统筹发展、城乡一体化发展、城乡融合的目标与手段都是为了实现城乡协调发展，或者说它们只是不同层次的城乡协调发展阶段或表现类型。因此，关于城乡协调发展的外延，本书认可张小林的观点："城乡只有协调发展，才能保证城乡诸要素自由流动与优化配置，才能逐步消除城乡差别。城乡一体化、城乡融合和城乡统筹都应当归属于城乡协调类型或表现类型。"[1] 在本书论述城乡协

---

[1]　张小林：《城乡统筹：挑战与抉择》，南京师范大学出版社，2008，第82页。

调发展的过程中，也会多次出现不同表现类型的名称。

二 "'省直管县'体制改革"的相关概念及关系

在对"省直管县"体制改革的研究过程中，存在相关概念的误读与混用，以及实践领域的相关基础信息描述、统计不准确或不规范的现象，给学界研究造成了不便。在"省直管县"改革研究中，经常用到的概念有"市管县""省直管县""强县扩权""扩权强县""财政省直管县""行政省直管县""全面直管"等，每一个概念都对应一种改革的模式。对于这些概念，学界和媒体在使用的时候从外延到内涵都出现了一定程度的误读和混用，有的将"行政省直管县""财政省直管县""强县扩权""扩权强县"统统包含在"省直管县"的外延中；有的将"强县扩权"等同于"扩权强县"；有的认为实行了"财政省直管县"就相当于实现了"省直管县"。为了增强学术研究的针对性与准确性，本书对每个概念的内涵与外延都做了比较清晰的界定，并在此基础上厘清这些概念之间的关系。

(一)"强县扩权"与"扩权强县"

"强县扩权"与"扩权强县"都是在现有政府层级与行政体制不变的前提下，以"依法合规，能放皆放"为原则，将设区市享有的部分经济和社会管理权赋予扩权县，从而扩大县级政府的自主权，增强其发展县域经济的积极性和创造性的改革。"扩权"改革下放的权限主要包括计划直接上报、财政直接结算、经费直接安排、项目直接申报、用地直接审批、证照直接发放、部分定价权下放、统计直接发布、政策直接享有、信息直接获得、税权部分扩大、部分事项自行或直接报省审批等。[①] "扩权强县"与"强县扩权"不算是真正意义上的"省直管县"体制，只是"市管县"体制向"省管县"体制过渡的前奏或铺垫。"扩权强县"与"强县扩权"的区别主要体现在两个方面：(1) 二者的扩权对象不同，"强县扩权"权力下放的对象为经济强县，"扩权强县"权力下放的对象为所有的县，因此"扩权强县"的改革力度要大于"强县扩权"；(2) 扩权的驱动力不同，

---

① 《河南省人民政府关于扩大部分县（市）管理权限的意见》（豫政〔2004〕32 号文件）。

"强县扩权"是经济强县为了提高与地级市博弈的能力,维护本县利益,利用自身经济优势,强烈要求摆脱地级市对县域经济与社会发展的严重束缚,自下而上寻求权力扩张的一种主动行为;"扩权强县"是省级政府为了推动本省县域经济的发展,自上而下主动采取的向县级分权的行为,这种分权行为是缺乏基层与民间的内在驱动的。①

我国诸多省份的"省直管县"改革都是"强县扩权"和"扩权强县"先行,而且大多是先"强县扩权",然后在此经验与成效的基础上普及开来,进行"扩权强县"。浙江省是最早进行"强县扩权"改革的省份,其在 1992~2006 年,对经济强县连续进行了四轮扩权改革,大大提升了县域经济发展的活力。在尝到"强县扩权"改革的"甜头"后,2008 年,浙江省开始面向全省县域推行"扩权强县"改革,把大部分的经济、社会、行政审批等权限下放给所有的县,奠定了向全面"省直管县"体制迈进的基础。在浙江省示范效应的带动下,广东、湖北、河南、四川、辽宁等省均相继展开了各种模式的扩权改革。当然,也有一小部分省区,如甘肃省和宁夏回族自治区,认为弱县比强县更需要通过扩权来发展县域经济,因此,与"强县扩权"相反,这些省份先进行"弱县扩权",再进行"扩权强县"的改革。

(二)"财政省直管县"与"行政省直管县"

"财政省直管县"体制是以财政管理权为核心,在财政收支责任划分、财政预决算、转移支付、收入报解、资金调度等管理活动中,县与其所属地级市之间不再直接发生联系,实行由省财政直接对接县、市财政的体制。"财政省直管县"体制下,县级财政由省直接管理,但是行政管理权、人事管理权和没有下放到县的行政审批权仍归所属地级市管理。我国的浙江省和宁夏回族自治区自 1953 年以来,一直实行"财政省直管县"体制,特别是浙江省在 20 世纪 80 年代初兴起的"市管县"改革的压力下,依据省情,坚持实行"财政省直管",创造了浙江县域经济发展的奇迹,且成

---

① 何显明:《从"强县扩权"到"扩权强县"——浙江"省管县"改革的演进逻辑》,《浙江省委党校学报》2009 年第 4 期。

为诸多省份效仿与借鉴的典型。到目前为止,我国已有 20 多个省份在探索和实行"财政省直管县"体制改革。

"行政省直管县"体制也被称为"全面省直管县"体制,是指行政、人事、财政以及经济与社会管理等一切方面均由省直接领导和管理县的体制,是"省直管县"体制改革的"终极版"。"行政省直管县"体制下,我国地方政府层级由"省—市—县—乡(镇)"四级结构变为"省—市、县—乡(镇)"三级,市、县之间的关系不再是上下级关系,而是省级领导下的并立和分治关系。"市"作为城市型行政建制,其主要职能是管理城市的经济、政治、社会、市政建设等各项事务,发展目标是打造具有"增长极"功能的区域中心城市。"县"作为广域型的行政建制,其主要职能是管理农村的各项事务,领导农村社会的发展。

"财政省直管县"改革与"行政省直管县"改革都是在改变现行行政体制的前提下进行的,但"财政体制改革只涉及技术问题,而行政体制改革将涉及政治安全等众多利益调整的障碍"①。财政体制改革只是涉及地方财政部门管理层级结构的变革,基本不牵涉政治问题,其技术性和可操作性较强,利益影响面较窄,改革中不会遇到太大的难题,也很少遇到大的阻力;"财政省直管县"体制改革在各个省份的进展比较顺利。"行政省直管县"体制改革是对地方政府行政权力和行政资源的重新分配,此过程牵涉众多的部门利益和数以万计的干部利益,是从体制上对当前地方治理格局动的一次大手术,再加上原有体制存在的深层次矛盾和问题,改革必然存在重重困难甚至是阻力。由此可见,"行政省直管县"改革的程度和复杂性要远远高于"财政省直管县"体制改革。

从广义上来说,"省直管县"体制改革既包括"财政省直管县"体制改革,又包括"行政省直管县"体制改革,二者之间既有本质区别又有较强的联系,其关系主要体现在以下几个方面。①"行政省直管县"体制改革既要提高经济发展和行政管理的效率,又要保障社会的稳定和政治的进步,"财政省直管县"体制改革主要是通过减少财政层级提高财政管理的

---

① 钟晓敏、操世元:《省直管县改革:缘起、路径与未来方向》,《财经论丛》2011 年第 6 期。

效率，技术性较强，较少涉及政治、社会等问题，因此，"行政省直管县"体制改革的强度远高于"财政省直管县"体制改革。②"行政省直管县"改革是对省、市、县地方政府间关系的重塑，而政府间关系主要包括权力关系、财政关系和公共行政关系，这三种关系体现为政府间人事权、财政权和事权关系的划分。① 财政关系与财政权是政府间关系的基础和最核心的组成部分，因此，"财政省直管县"体制改革是"行政省直管县"改革的重要阶段和组成部分，"财政省直管县"改革的顺利完成可以为"行政省直管县"的顺利推进奠定坚实的基础。③"财政省直管县"体制改革没有明确省、市、县之间财权与事权的划分，造成了地方政府间财权与事权的不匹配，更重要的是"财政省直管"体制下县级财权的"省管"与人事权、事权的"市管"严重冲突，不但无法保证"财政省直管县"体制的顺畅运行，还造成县级人事权和事权行政受到市级的严重制约甚至是排挤、刁难。要想从根本上解决问题，继续放大"财政省直管县"体制的能量与功效，必须适时将"财政省直管县"体制改革推向深水区，建立"行政省直管县"体制，构建扁平化的省直管县公共行政体制。② 各地鲜活的实践经验证实，从"财政省直管县"最终过渡到"行政省直管县"是"省直管县"改革的方向和必然选择。

（三）"强县扩权""扩权强县""财政省直管县""行政省直管县"的关系辨析

"强县扩权"与"扩权强县"是在不改变现有行政体制的前提下，把地级市所拥有的部分或全部的经济、社会管理权以及行政审批、财政税收等权限直接下放到县级政府，是一种权宜的行政性放权行为。从严格意义上说，扩权改革不属于"省直管县"体制改革的范畴，却以"省直管县"体制改革为目标，因此，可以说"强县扩权"与"扩权强县"是"省直管县"体制改革的预备阶段。"财政省直管县"改革与"行政省直管县"改革则是对现有地方行政管理层级体制的改变，其理想过程与目标是通过对地方政府间人

---

① 林尚立：《国内政府间关系》，浙江人民出版社，1998，第70页。

② 石亚军、施正文：《从"省直管县财政改革"迈向"省直管县行政改革"——安徽省直管县财政改革的调查与思考》，《中国行政管理》2010年第2期。

事、财政、行政等权力进行科学性、规范性、制度性的分权，塑造新型的地方政府府际关系和地方治理格局。因此，大多数学者认为，"财政省直管县"改革与"行政省直管县"改革的变革程度要高于"强县扩权"与"扩权强县"。例如，周湘智把四者的变革程度由低到高表示为图2-2。

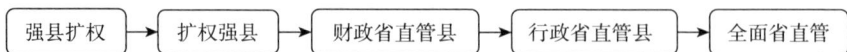

强县扩权 → 扩权强县 → 财政省直管县 → 行政省直管县 → 全面省直管

图2-2 "省直管县"所涉概念变革程度

资料来源：周湘智：《关于"省直管县"体制研究与实践中几个问题的辨正》，"中国特色社会主义行政管理体制"研讨会暨中国行政管理学会第20届年会论文，北京，2010。

从实践上来看，诸多省份的"省直管县"改革是按"强县扩权—扩权强县—财政省直管县—行政省直管县"的顺序渐进展开的，但并不是所有省份"扩权"改革的程度都一定低于"财政省直管县"改革。像浙江省、湖北省、广西壮族自治区等省份所进行的"强县扩权"和"扩权强县"改革向县级政府放权的力度相当大，甚至超越了"财政省直管县"体制改革的局限。这在一定程度上意味着"省直管县"改革不一定非要按照图2-2所示的顺序依次推进，"强县扩权""扩权强县""财政省直管县"改革是可以并列进行的，"扩权"改革也可以无须经历"财政省直管县"环节而直接过渡到"行政省直管县"体制。因此，由"市管县"向"省管县"体制转变所涉及的四种变革形式的关系可参见图2-3。

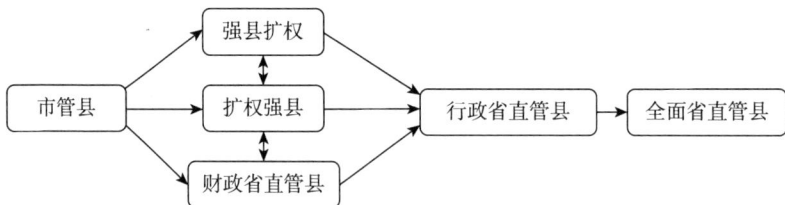

图2-3 "省直管县"体制改革路径演进

资料来源：柯学民：《"省直管县"相关概念辨析》，《行政与法》2014年第2期。

（四）"市管县"与"省直管县"的概念辨析

"市管县"体制是指在省与县之间增加一个地级市的行政建制，使地级市成为县或县级市的直接上级并直接领导县的各项工作，因此，"市管县"体制也称为"市领导县"体制。"市管县"体制改革是 1982 年以来，国家为了实现"市带县、城带乡"的城乡协调发展目标而兴起的一股浪潮。截止到 1994 年底，全国 85% 左右的县或县级市由地级市管理，"市管县"体制在计划经济时代对生产力的发展确实发挥了积极的作用。市场经济体制下，市"吃、刮、卡、压"县的弊端逐渐凸显，"市管县"体制的制度背景逐渐消弭，再加上管理学界对政府管理层级与效率的热议，改"市管县"体制为"省管县"体制的呼声日益高涨，引发了"省直管县"体制改革的热潮。

"省直管县"有时也简称为"省管县"，周湘智分别从广义和狭义两方面进行了定义：广义的"省直管县"作为一个集合概念指"国家在政治、经济、文化、社会等领域实行一个或多个方面的省直接对县体制及与之相关的管理活动的总和，包括'行政省直管'与'财政省直管'两个方面";① 狭义的"省直管县"被等同于"行政省直管县"。这样的定义得到了大多数研究者的认可，本书中概念的厘定也是在该定义的基础上进行的，即广义的"省直管县"体制是指把原属于地级市对所辖县的经济、社会、财政、人事等某一方面或多个方面的管理权交由省级部门直接管理，包括"财政省直管县""人事省直管县""行政省直管县"等多种模式；狭义的"省直管县"体制等同于"行政省直管县"体制，也被一些学者称为"完全省直管县"或"全面省直管县"，是市县并列的、彻底的、完全意义上的省直接管理县级政府的经济、社会、人事、行政审批等各项事务的地方政府行政层级管理体制。"省直管县"改革包括"市管县"体制向广义上的任何一种"省直管县"模式的转变。

市场经济体制的确立，交通与通信技术的便捷，现代政府治理的高效性与低成本要求等时代背景，直接决定了"市管县"体制必将走向全面"省直管县"体制，彻底变革"省—市—县—乡（镇）"的四级地方政府层级为"省—市、县—乡（镇）"的三级地方政府行政层级。但是，这并

---

① 周湘智：《我国省直管县（市）研究中的几个问题》，《科学社会主义》2009 年第 6 期。

不意味着"省管县"体制与"市管县"体制是非此即彼的一刀切式的"替代关系",二者在一定时空条件下是可以并存的,究竟采取哪一种体制,要看在不同地域、不同发展阶段和条件下,哪种体制能够更好地发挥效力。

(五)"'省直管县'体制改革"的概念界定

"省直管县"体制改革,在本书中一般简称为"省直管县"改革,是指由原来的"市管县"体制向"省管县"体制转变过程中所进行的各种改革实践活动,包括"强县扩权""扩权强县""财政省直管县"体制改革和"行政省直管县"体制改革。由定义可以看出,"省直管县体制"改革是从"市管县"向"省管县"变革的概念,并非现实状况是不是"省直管县"体制的静态概念。因此,不是所有实行"省辖县"体制的省份都属于"省直管县"体制改革的范畴,如我国的北京、上海、天津三个直辖市,建市时直接实行的就是省直接辖县的体制,并没有经历"市管县"向"省管县"变革的历程,因此,三个直辖市不属于"省直管县"体制改革的省区范畴。重庆市1997年直辖后,由于区域面积大,所属县域多,区别于其他三个直辖市"建市即对县直管"的方式,利用两年的过渡期,于1999年实现了对所辖40个县域的全部直管。因此,重庆建市后两年内由区或地级市管理(或代管)县的体制,只是一种权宜性的短暂过渡,基本可以认为重庆也不属于"省直管县"改革的范畴。但是,重庆市是一个农村区域面积广大的直辖市,并被国家批准为"统筹城乡综合配套改革实验区",重庆市直接管理县的经验对其他省份的"省直管县"体制改革具有重要借鉴意义。海南省自1988年建省就实行了省直接管理市县的体制,自2007年开始对县级进行扩权改革。因此,严格说来,海南省不属于"省直管县"体制改革的范畴,其扩权只是对"省直接管理县"体制的完善。新疆维吾尔自治区石河子市等7个县级市自成立以来就接受自治区和建设兵团的双重直管,因此也不属于"省直管县"改革的范畴。浙江省1953年建省以来一直实行的就是"财政省直管县"体制,1992年开始进行多轮次的扩权改革,由此可以界定浙江省"省直管县"改革的开始时间为1992年。浙江省是最早进行扩权改革的省份,因此,浙江省1992年扩权改革的启动时间也被认定为我国"省直管县"改革开始的时间。

三 "省直管县"体制改革目标厘定

任何一项改革都是在一定背景下为了实现一定目标而进行的,"省直管县"改革也不例外,厘清改革的背景与目标,对改革方向的正确把握和改革路径的科学引导具有重要意义。学界关于"省直管县"改革背景与目标的论述,有诸多相同的见解,但也存在认识上的差异。究其原因,首先是学科背景的不同导致研究者剖析问题的视角存在差异,如从经济学和政治学两个不同的角度研究"省直管县"改革,得出的研究结论侧重点就不同。其次,"省直管县"改革的背景和目标会随着实践的发展呈现出动态增量的变化。

"省直管县"改革初期(1992—2005年),学界对改革背景的论述基本上是围绕"市管县"体制弊端和县域经济落后两方面进行的,但是存在两种不同表述:一种表述为"市管县"体制造成的县域经济落后、乏力及城乡二元经济局面;另一种表述为"市管县"体制的弊端以及县域经济的落后和县乡财政困难。这两种表述看似无意,实则存在较大区别。第一种表述把县域经济落后的原因几乎全部归咎于"市管县"体制的弊端,这在一定程度上意味着只要用"省管县"体制代替"市管县"体制,向县级放权,就可以解决县域经济发展的问题;第二种表述则是把"市管县"体制的弊端作为"省直管县"改革的背景之一,充其量是将其作为制约县域经济发展的一种重要因素,"省直管县"改革的背景还包括地方政府分权不合理、分税制造成的县乡财政困难等。因此,"省直管县"改革不仅仅是放权的问题,更重要的是按财权与事权相匹配的原则在地方政府间进行制度化的分权。本阶段的改革背景决定了这个阶段"省直管县"体制改革的主要目标是通过赋予县级政府更多的自主权,摆脱地级市对所辖县权力、资源、能力的束缚,激活县域经济发展、解决县乡财政危机。

"省直管县"体制改革进行到中期(2005—2010年)阶段,学者对改革背景的研究不仅以发展县域经济等必要性为出发点,也越来越关注改革的可行性背景。诸多学者依据现代管理理论中管理层级与效率理论、政府职能转变理论、公共选择理论等，论述了日新月异的信息技术、便捷的通信设施以及市场经济条件下政府职能的转变为省级管理幅度的增加提供了条件，政府层级减少有利于节约行政成本和提高行政效率；基层政府更了解居民的偏好，由其提供公共物品的效率较高。这些现代社会的经济、技术、基础设施等可行性条件与"市管县"体制的弊端、统筹城乡发展的必要性等要求共同构成"省直管县"体制改革的背景。"必要性"和"可行性"的双重背景决定了"省直管县"改革的目标有两个：一是发展县域经济，二是提高地方政府的行政效率。

2010 年至今，是我国市场经济日臻完善、社会结构深刻变化、治理体系深度调整的时期，也是"省直管县"改革日益成熟和不断深入的阶段。十八届三中全会的召开标志着我国已经进入全面深化改革的阶段，改革的总目标是实现国家治理体系和治理能力的现代化。"省直管县"改革是一项重要的政治体制改革和行政体制改革，国家治理现代化的要求为"省直管县"体制改革赋予了更宏伟的目标，改革的最终目标不是用"省管县"代替"市管县"体制，也不是在形式上减少地方政府层级，而是在实现政府职能实质性转变，国家、市场和社会分工合理，地方政府间权、责、利划分科学明晰，政府间独立与合作并行不悖的前提下，建设城乡共同协调发展的现代化地方治理格局。

通过对以上各阶段目标的梳理发现，"省直管县"改革的目标从初期的解决县乡财政困难，到中期的促进县域经济、社会发展，再到当前的促进城乡区域协调发展，呈现出随着改革的推进而层次递增的趋势。但归根结底，"省直管县"作为一项行政体制改革，在微观视野下的直接目标是通过省以下府际关系的改革促进县域发展，而在广阔的视野下，县域的发展却以实实在在的分量支撑着国家的城乡统筹发展战略。因此，县域发展是"省直管县"改革的直接目标，也是实现城乡协调发展的必要条件。"省直管县"改革是否成功，城乡协调发展能否实现，关键在于能否促进县域政治、经济、社会、文化和公共服务快速发展。

四 "省直管县"体制改革路径厘定

前文论述了"省直管县"改革所涉及的"强县扩权""扩权强县""财

政省直管县""行政省直管县"四种不同形式,不同的形式组合形成了不同的"省直管县"体制改革模式,每种模式按实施时间的先后顺序形成了不同的改革路径。周湘智把"省直管县"改革的模式分为"强县扩权""扩权强县""财政省直管""财政省直管 + 强县扩权""财政省直管 + 扩权强县""县党政正职领导行政省直管 + 财政省直管 + 强县扩权""行政省直管"7 种模式。复旦大学硕士朱湘在此基础上重新予以划分,把省直管县的模式分为"强县扩权""扩权强县""强县扩权 + 扩权强县""财政省直管县""财政省直管县 + 扩权强县""财政省直管县 + 强县扩权""行政省直管县 + 扩权强县""准行政省直管县 + 扩权强县"8 种地方改革模式。也有学者依据典型改革省份的特点来进行模式划分,例如,汪玉凯、周天勇将"省直管县"改革分为以浙江省为代表的"财政省管县"模式和以海南省为代表的"行政省管县"模式;贺曲夫、刘君德则根据改革实践把"省直管县"改革划分为"海南模式""重庆模式""江汉模式"。

根据 2010 年以来中央 8 省份 30 个试点县的最新改革实践,也可以把我国"省直管县"改革模式大体分为三类。第一类是"局部改革型",包括"强县扩权""扩权强县""财政省直管县"及其组合模式。各地区的实践证明,"强县扩权"和"扩权强县"模式的难点在于"市管县"体制惯性造成的放权难以界定,更难落实,总是面临着来自行政隶属市的种种羁绊,放权效果大打折扣;"财政省直管县"模式造成事权管理和财权管理的分离。第二类是财政、行政"全面直管型",也就是实行前文所定义的"行政省直管县"体制,如河南省的济源模式,其实质是财政与行政的双直管,即财政、社会经济事务以及县党委、人大、政协、司法四大班子的管理体制,都调整为省对县的直接管理,县、市并立接受省级领导,是完全意义上的最高层次的"省直管县"体制模式。第三类是单列模式,该模式的实质还是扩权,只不过比较彻底,指省级政府借鉴国家计划单列市的形式,直接赋予县级政府等同于地级市的经济社会管理权限。这类模式其实是第一种模式向第二种模式的过渡阶段。

我国 4 个直辖市和海南省在全省(市)范围内一步到位实行"行政省直管县"体制。自 1992 年浙江省实行"扩权"改革以来,除了省域面积大、人口却很稀少的西藏自治区和新疆维吾尔自治区还未启动任何模式的"省直管县"体制改革，我国26个省、自治区中（不包括港澳台地区、4个直辖市和海南省），已有24个省份进行了不同模式的"省直管县"体制改革。按照三大类的划分模式和最新资料的汇总查询，统计出全国各省区"省直管县"改革的模式和演进路径，如表2-1所示：①

表2-1　全国各省区"省直管县"改革模式统计

地区	省份	县（市）总数	改革模式				改革演进路径
			局部改革型		行政省直管县	计划单列县（市）	
			财政省直管县	扩权县			
东部地区	北京	2	–	–	2	–	直接全面直管（1949.10）
	天津	3	–	–	3	–	直接全面直管（1949.10）
	上海	1	–	–	1	–	直接全面直管（1949.01）
	海南	16	–	16	16	–	建省后直接直管（1988.04）
	河北	133	90	19	10	–	1. 强县扩权（22县，2005.01） 2. 财政省直管（71县，2009.02/12） 3. 行政省直管试点（2/8县，2013.05/2015.02）
	辽宁	44	14	14	2	–	1. 强县扩权（15县，2006.04） 2. 准财政省直管（15县，2010） 3. 行政省直管试点（2县，2010.10/2011.09）
	江苏	51	48	48	3	–	1. 财政省直管（52县，2007.03） 2. 扩权强县（52县，2008.06） 3. 行政省直管试点（3县，2011.11）
	浙江	56	55	16+3	1	–	1. 财政省直管（全省，1953） 2. 四轮强县扩权（1992/1997/2002/2006） 3. 扩权强县（2008.12） 4. 准行政省直管（义乌市，2009）

<hr>

① 四个直辖市和海南省实行的是一步到位的"省直接辖县"体制，不属于由"市管县"向"省管县"体制改革的结果；浙江省自1953年起一直实行"财政省直管县"体制，也不是"省直管县"体制改革的结果，因此，本书中改革的时间是从1992年浙江省的扩权改革算起的。

续表

地区	省份	县（市）总数	改革模式				改革演进路径
			局部改革型		行政省直管县	计划单列县（市）	
			财政省直管县	扩权县			
东部地区	福建	57	57	57	–	–	1. 扩权强县（全省，2003/2011） 2. 准财政省直管（全省，2009）
	山东	90	20	25 + 4*	–	–	1. 强县扩权（26县4区，2003.12） 2. 财政省直管试点（20县，2009.01）
	广东	65	29	68	1*	–	1. 扩权强县（全省，2004.04/2009.08） 2. 财政省直管试点（4/25县，2010.07/2012 – 2014） 3. 行政省直管试点（1区，2011.02）
中部地区	黑龙江	63	61	61	2	–	1. 强县扩权（10县，2004.03） 2. 扩权强县（全省，2006.09） 3. 财政省直管（全省，2007.11） 4. 行政省直管试点（2县，2011.06）
	吉林	40	33 + 1*	38 + 1*	2	–	1. 扩权强县（全省，2005.06） 2. 财政省直管试点（33县1区，2005.07） 3. 行政省直管县试点（2县，2013.09）
	山西	96	46	23 + 4*	–	–	1. 强县扩权（25县，2005.06） 2. 财政省直管试点（35/11县，2006.12/2012.02） 3. 扩权强县（22县/1县4区，2011.12/2013.07）
	安徽	62	55	11	2	–	1. 财政省直管（57县，2004.01） 2. 强县扩权（12/18县，2006.12/2008.04） 3. 扩权强县（全省62个县，2009/2010） 4. 行政省直管县试点（2县，2011.03）
	江西	79	73	–	6	–	1. 财政省直管县试点（21/38/21县，2005/2007/2009） 2. 行政省直管县试点（6县，2014.07）
	河南	106	14	40	10	–	1. 强县扩权（35/11/1县，2004/2006/2007） 2. 财政省直管试点（5/1/15县，2004/2007/2009） 3. 单列模式试点（10县，2011.05） 4. 全面省直管县（10县，2014.01）

地区	省份	县（市）总数	改革模式				改革演进路径
			局部改革型		行政省直管县	计划单列县（市）	
			财政省直管县	扩权县			
中部地区	湖北	64	53	42	4	–	1. 强县扩权（20/12/10 县，2003.06/2005.07/2006.04） 2. 财政省直管县（52 县，2004.04） 3. 省直辖县（3 县 1 林区，1994）
	湖南	87	78＋1*	87＋1*	–	–	1. 扩权强县（全省，2005.09/2010.11） 2. 财政省直管县（78 县 1 区，2010.01）
西部地区	四川	137	27	78	–	–	1. 扩权强县（27/32/19 县，2007/2009/2014） 2. 财政省直管县试点（27 县，2007）
	重庆	19	–	–	19	–	1997 年直辖后全面直管
	贵州	75	40	70	5	–	1. 财政省直管试点（31/13 县，2009.10/2012.09） 2. 扩权强县（全省，2012.06） 2. 行政省直管县试点（5 县，2013.07）
	广西	75	75	10	–	–	1. 财政省直管试点（14 县，2009.12） 2. 强县扩权（10 县，2010.06） 3. 财政省直管县（全省，2011）
	陕西	83	26＋1*	18	2	1	1. 财政省直管试点（15/12 县，2006.12/2009.07） 2. 强县扩权（15/6 县，2007.07/2009.03） 3. 省内计划单列市（韩城市，2012.05） 4. 行政省直管试点（2 县，2014.06）
	甘肃	69	67	13	–	–	1. 强县扩权（13 县，2005.06） 2. 财政省直管试点（16/25/26 县，2007/2009/2011）
	云南	116	3	7＋1*	–	–	1. 强县扩权（7 县 1 区，2008.12） 2. 财政省直管县试点（3 县，2009.12）
	内蒙古	80	–	11＋1*	–	2	1. 计划单列（满洲里市和二连浩特市，1992） 2. 强县扩权（11 旗县 1 区，2014.04）
	宁夏	13	13	2	–	–	1. 财政省直管县体制（全省，1953） 2. 扩权强县（9 县，2009.12）
	青海	39	9	–	–	1	1. 计划单列（格尔木市，1992.07） 2. 财政省直管试点（9 县，2007.02）

续表

地区	省份	县（市）总数	改革模式				改革演进路径
			局部改革型		行政省直管县	计划单列县（市）	
			财政省直管县	扩权县			
西部地区	新疆	91	–	–	7	–	7 个县成立时即为自治区直辖并与兵团共管
	西藏	68	–	–	–	–	
	总计	1980	1037 + 3*	758 + 12*	49 + 48 + 1*	4	

注：1. 带 "＊" 的为市辖区；济源市已成为地级市，河南省县（市）不包括济源市；

2. "/" 用来分隔参与改革的县（市）的不同数量及对应改革年份；

3. 该统计截止的时间为 2015 年 3 月 1 日，所列数据为目前各模式县域的数量；为了全国省区的完整性，本书把四个直辖市、海南省及未实行改革的新疆、西藏两个自治区也列入表中；东中西部地区的划分依据国家 2000 年制定西部大开发战略时按经济带划分的方法。

资料来源：根据各省份官方文件和 2015 年最新行政区划调整结果整理。

从表 2-1 中可以看出，各省份根据自己的省情采取了不同的 "省直管县" 体制改革模式和演进路径。所有启动改革的省份中，只有内蒙古自治区还未推进 "财政省直管县" 体制改革，青海省、贵州省和江西省在局部改革阶段只进行了 "财政省直管县" 体制改革，没有进行 "扩权" 改革，其余省份的改革都采取了 "财政省直管" 和 "扩权" 的组合模式。截至目前，无论采取什么样的模式组合，各省份的改革一般是沿着 "市管县—强县扩权/扩权强县/财政省直管县—行政省直管县" 的路径向前推进的。其中，河北省、辽宁省等 10 个省份优先考虑经济强县的发展，以 "强县扩权" 为改革的逻辑起点，基本沿着 "强县扩权—财政省直管/扩权强县—行政省直管县" 的传统路径向前推进；江苏省、江西省等 9 个省份的改革以 "财政省直管县" 为逻辑起点，之后再进行 "扩权" 改革或者直接推进到 "行政省直管" 试点改革；广东、福建等 5 个省份的改革则考虑县域经济发展机会的均等性，以 "扩权强县" 为逻辑起点，推进 "省直管县" 体制改革。

本书对 "省直管县" 改革模式和路径的定义借鉴朱湘的定义方式，只不过把 "财政省直管" 向 "行政省直管" 过渡的模式定义为 "单列模式"。

表 2-1 中，最值得注意的统计信息是 24 个省份的"省直管县"体制改革，目前向"行政省直管县"过渡的只涉及 12 个省份的 49 个县（不包括广东的顺德区），而实行"财政省直管县"体制的已涉及 23 个省份的 1037 个县。由此可以得出这样的结论："省直管县"改革的难点不在于"财政省直管"，而在于"行政省直管"，由"财政省直管"体制向"行政省直管"体制过渡是"省直管县"体制改革推进的难点和"瓶颈"。

第二节 县域在国家发展战略中的地位

一 县域政治在国家政治体系中的地位

我国县域面积占全国总面积的 90% 以上，县域人口占全国人口的 70% 以上。自从秦朝在我国确立了"郡县"，县就作为一级稳定的政权组织保留下来，无论朝代如何更迭，也无论从中央到地方的政府层级结构如何变化，县这个层级从没有被取消过，这充分说明了县作为一级政权组织的合理性、必要性与重要性。县作为一个必要且合理的行政层次至少应具备三项功能：一是县作为政治单位能够保障统治的稳定；二是县作为经济单位能够保障税赋的征缴；三是县作为文化单位能够保障地域的认同。中央的政策只有通过县这个层级才能被贯彻到基层乡村，县域的稳定与发展直接影响整个国家的稳定与发展。"郡县治、天下安"，"郡县治，则国家治"，县域虽是最低级别的政治体，其重要性却没有被怀疑过。

经过长期的有机演进，县已经成为包含完整的政治体系、经济体系、文化体系和社会体系的空间聚合体，可以完整地发挥管理地方公共事务的职能。近代以前，"皇权不下县"，县一直作为直接与民打交道的最基层的政权存在。近代以来，县以下又多了一级地方政府层级——乡镇，以至于一些学者认为县不再是直接与民打交道的基层组织。实际上，乡镇虽然也是一级政府，但它没有完备的政权组织机构，人大在乡镇也没有常设机构，其他有实际权力的机构大多为县的派出机构，特别是在目前"乡财县管""乡人县定""乡策县决"，以及垂直机构权力挤压的情况下，乡镇级政府权力几乎被掏空，乡镇政府"无论是在执行国家政策还是在处理地方事务中，其职能都受到极大的限制"①，不能独立完成辖域的决策与公共事务管理活动，只是执行县级决策的代理机构，已经变得空有政府之名，而无权力之实，其命运已经被县级政府牢牢操控。因此，县级政府无论在形式上是否为最基层政府，其实质都是拥有与上级政府同构的完整的政权体系的基层政府。

国家统治的基础在县域。但是，新中国成立以来的大半个世纪，县域遭受着与其政治地位极不对应的"待遇"，在国家"农业支持工业、农村支持城市"的发展战略面前，县域的发展权被严重忽视。扭曲的工农产品价格机制、农产品统购统销的计划体制、城乡二元户籍制度、城乡二元社会保障体制等与发展战略相配套的制度体系，不仅拿走了农村的资源，也掠走了农民的各种政治社会权利。改革开放后，实行了"市管县"和市场经济体制，农民也只能带着计划经济时代留给农村的贫穷与凋敝和具有"家长"身份的城市同台博弈，博弈的结果就是"农民真苦、农村真穷、农业真危险"的三农问题。由此可知，县域的政治地位的重要性在于它是工业和城市发展的资源来源地，而不是县域人口的经济、政治、社会发展权利，县级政府无非是帮助国家完成资源收集与输送的工具。在资源禀赋稀缺或有限的情况下，农村的发展权利被国家的发展战略"击毙"，呈现出县域政治地位"很重要"与县域居民的政治和社会权利"很薄弱"的悖论。

这种悖论状态在县域农民政治权利意识薄弱、刚性生存性资源可以得到满足、政治诉求不强烈的状况下，可以维持国家基层统治的稳定。但随着社会的发展和城市居民生活水平与状况向农村的渗透，城乡差距一旦突破可以容忍的底线，县域人口抗争的的规模效应就会动摇政治统治基础，基层稳定的防线就会面临崩溃。这时候，县域政治在国家政治架构中的重要性才会真正体现。正如学者所述，县域农民权利的贫困不但使社会主义的本质得不到体现，其大量发生和在代际间的转移还将严重损害经济和社

---

① 于建嵘：《当前中国基层政治改革的困境和出路》，《当代世界社会主义问题》2010年第2期。

会发展的效率，权利贫困若进一步加深使县域农民产生被社会遗弃和剥夺感，其对抗情绪会诱发诸多社会风险，伤害党的执政基础，和谐社会也将无法实现。①

县级政府既是县域经济社会发展的主导者，又是县域社会的管理者，其在我国政权结构中的重要性，被学者徐勇形象地描述为"接点"。从纵向的政治角度来看，县政在政治结构中具有承上启下的作用，是连接"高层与地方基层、中央领导与地方治理、权力运行与权力监控"②的"接点"；从横向的社会层面来看，县域起着承东启西的作用，"县城是连接城市与乡村、传统与现代、中央与边缘"③的地域接点，对社会的转型，起着重要的缓冲和过渡作用。由于"接点"既非常必要又具有非常"脆弱"的"政治应力"，因此成为决定系统架构承载力和稳固型的关键，县政作为国家结构最重要的"接点"，对社会矛盾和社会问题的承载力决定了国家治理的承载力。

今天的中国处于社会转型的关键期，社会发展的不均衡性和国家治理的不一致性造成了不同区域社会政治、经济发展的较大差距。县域一直是国家治理薄弱、社会发展落后的区域，因此也是国家结构转型过程中社会矛盾多发、群体事件频出的重点区域，如贵州的瓮安事件、湖北的石首事件，直接冲击的就是离其最近且被认为具有足够权威的行政层级——县级政府。由此可见，县政"接点"是我国政治架构的基石，"如果没有稳固而良性运行的基层政治，任何大的政治改革举措都可能导致政治社会的动荡不安甚至是国家的一体化危机"④。县域处于国家治理和社会发展体系中的薄弱环节，进一步叠加了"接点"的脆弱性，因此，加强县的稳固性和承载力、夯实县的政治基础地位，必须在国家发展战略及制度设计中提高县级政权及农村居民的政治地位。

① 龙静云：《共享式增长与消除权利贫困》，《哲学研究》2012年第11期。
② 徐勇：《接点：农村群体事件的县域分析——一个分析框架及以若干个案为例》，《华中师范大学学报》（人文社会科学版）2009年第11期。
③ 徐勇：《接点：农村群体事件的县域分析——一个分析框架及以若干个案为例》，《华中师范大学学报》（人文社会科学版）2009年第11期。
④ 樊红敏：《县政改革：中国改革下一步的关键点》，《中国行政管理》2011年第1期。

吴国光曾根据县域的面积和人口得出，中国的权力架构和政府体系的重组，必须以目前的县域行政区划为基本单位的结论，并声称县政建设具有重大的政治意义，主张通过行政分权来"强县"，同时推动县域政治权力的民主化。[①] 褚建国、贺东航把由经济层面向政治层面扩展的现代化称为第二期现代化，认为第二期现代化实现的关键在于县级政府能够发挥作用，必须实现县域的突破。[②] 近几年来，国家实施的统筹城乡发展战略和"扩权强县""财政省直管县"等"强县"改革都意在增强县的经济实力，从而稳固国家的基层治理体系。政治权力和地位是经济权力和地位的保障，仅仅从经济上"强县"是不够的，还必须赋予县域平等的政治权利以实现县域的"民强"，要开通县域民众参与社会治理、进行利益表达的渠道，缓和社会冲突、化解社会危机。

二 县域经济在国民经济体系中的地位

县域经济是以县级行政区划为活动空间、地理边界明晰的区域经济。县域经济"有县级政权作为市场调控主体，有县级财政，因此县域经济有相对独立性，并有一定的能动性，在当前经济发展阶段，县域经济才真正具有带动农村发展的现实性"。[③] 县域经济与乡镇经济相比，其经济规模所支配的资源可以保障一定经济活动目标的达成，其区域内的执政者能够有效地控制和主导区域内的资源配置和经济活动，其经济活动的成果和收益的福利可以外溢到整个区域，而且既可以协调区域内部的活动，又有能力作为独立的区域经济体与其他经济体进行协调和交流，因此，县域经济被作为我国区域经济体系的一个基本空间单元而存在。县域经济的地位是指"县域经济作为一行政性区域经济体，相对于其他行政型区域经济体在国

---

① 吴国光：《"县政中国"——从分权到民主化的改革》，《经济管理文摘》2008 年第 2 期。

② 褚建国、贺东航：《县政治理——第二期现代化与宪政发展》，《经济管理文摘》2008 年第 2 期。

③ 顾建光：《"苏南（太仓市）发展模式"新探——以县域经济为载体推进现代城乡一体化发展》，《上海经济》2009 年第 2 期。

民经济中所在的位置"①，其地位可以从横纵两个维度来考察，结论可以从理论与现实两个层面来描述。

从理论上来说，县域的政治地位决定了县域在整个国民经济体系中的经济地位。县域政治是整个国家政治的基础，因此，县域经济也是整个国民经济的基础，其重要性不言而喻。诸多学者从县域的区域面积、资源储量、人口规模、市场容量和农业的基础地位等变量出发，论证了县域经济在国民经济中占有重要的基础地位。县域经济所拥有的资源、人力等内生潜力从理论上证明了其基础地位的重要性，但其实现必须借助外生力量激发其潜力，但是如果外生力量反向用力，就会遏制县域经济的发展甚至摧毁县域经济。林毅夫②、郑炎成、陈文科③、陈俭④等学者在多篇文章中谈及，在我国经济发展的多个阶段，由于县域经济并没有被作为"基础地位经济"来关注和发展，其在国民经济中的基础地位不但没有显现出来，反而保持着长期的落后状态，并且指出这种现实地位和理论地位的相悖，是外生力量的反向作用造成的。这个外生力量就是政府主导的国家经济发展战略，县域经济在国民经济中的实际地位主要是由国家经济发展的战略导向决定的。

国家经济发展战略是指一个国家的最高政府机构依据国家经济发展的蓝图规划所指定的经济发展的政策方针和制度安排。国家经济发展战略导向可以从纵横两个方向决定不同区域经济体所支配的经济资源量和所拥有的经济主动权，从而决定不同区域经济体在国民经济体系中的地位。国家经济发展战略在纵向上的安排体现为经济资源和活动权力在省、市、县不同行政层级区域的配置。国家一般通过三种方式强化和巩固优先发展的目标层级的地位：①依托大中型项目对目标层级直接投资，拉动区域经济增

---

① 郑炎成、陈文科：《县域经济在国民经济中的现实地位变迁：理论与实证》，《财经研究》2006 年第 3 期。

② 林毅夫、刘培林：《中国的经济发展战略和经济收入差距》，《上海经济研究》2003 年第 3 期。

③ 郑炎成、陈文科：《县域经济在国民经济中的现实地位变迁：理论与实证》，《财经研究》2006 年第 3 期。

④ 陈俭：《新中国城乡关系演变的特点及启示》，《河北经贸学院学报》2016 年第 6 期。

长；②通过直接的转移支付或间接的财权划分使目标层级获得更多的财政资源；③赋予目标层级政府更多的经济管理、资源配置、战略规划等权限和执行工具。国家经济发展战略导向在横向上是通过制定产业发展政策来达成的。

由于我国的经济发展战略导向在不同发展阶段呈现出较大的差异性，因此，我国县域经济在国民经济体系中的地位也是随着国家经济发展战略在纵横两个方向上的交错变化而变迁的。从"一五"时期到党的十六大召开以前的县域经济地位的变迁，大致可以分为以下两个阶段。

（一）重工业为主的国家计划调控阶段（1953—1982 年）

新中国成立以后，我国百废待兴、百业待举，国外局势也不乐观，从国家安全的角度出发，学习苏联发展工业、赶超欧美的经验，采取了集中所有资源、尽快建立关系国家安全和国民经济命脉的工业化体系的经济发展战略。因此，从"一五"计划到改革开放初期，我国采取了通过国家的宏观计划控制实现重工业优先发展的国民经济发展战略。这一阶段县域经济的定位是，横向上，农业的生产剩余全部以扭曲的价格直援工业，农村的"五小工业"发挥补充重工业的作用，流通服务业为重工业收购和输送物资；纵向上，国家政府层级为中央—省—县三级结构，省、县两级经济区域全部是国家宏观计划的执行者，二者不存在竞争和博弈的关系，国家分配给县域的资源要看国家资源的丰欠程度，一般情况下是仅仅满足县域的刚性需求。重工业优先发展的这一阶段，农业不是国民经济发展的重点产业，而大工业都布局在城市，县域经济也自然不是国家发展战略的重点，县域经济资源少、产业少、控制力极低、自我调节能力较差。

（二）比较优势产业工业化和城市优先发展阶段（1982—2003 年）

改革开放后，国家调整了经济发展的战略部署，由重点发展重工业向比较优势产业工业化转变，工业化战略的导向依旧没有改变。随着国家经济发展战略的调整，国家经济发展的政策方针和制度安排也发生了变化，主要体现为以下几点：①资源配置的手段由以计划为主转变为以市场为主；②地方政府层级由省—县两级转变为"省—市—县"三级，并实行中央和地方的分税制；③优先发展城市，以城带乡，以经济指标为中心，展开不同区域经济体的竞争；④国有企业 "抓大放小"，为县域五小企业 "断奶"；⑤国有银行商业化，优化资金组合，发展外向型经济。

改革开放后的经济发展战略，从理论上看，市场经济体制为各区域经济体的公平竞争创造了条件，"以城带乡" 可以带动县域经济的发展，从而提高县域经济的地位，实际上却进一步降低了县域经济的地位，使城乡之间的收入差距不但没有缩小，反而拉大了。首先，从横向上来说，虽然国家政策的初衷是让城市优先发展为经济的增长极，再利用增长极的溢出效应实现 "以城带乡"，而实质上在资源稀缺、生产力不高的状况下，市场经济体制只能导致增长极吸收周围的优质资源而不是产生溢出效应。资源配置的趋利性使资金、技术等优质资源都向规模大、正向外部性强的城市大中型企业流动；由于政策松绑，刚刚获得一点发展的农业和乡镇企业很快又陷入了困境。其次，从纵向上来看，县域位于国家行政层级的最底层，这一阶段中国家不同区域经济体 "锦标赛" 式的竞争规则和分税制造成的财权上移，在 "市管县" 体制下使上级下拨到县域的资源经过了更多的 "掠夺之手"，县域本身的资源又遭遇了权力上层的 "搜刮之手"，使县域的经济状况不如计划经济体制下的刚性资源配置。也正是在这一阶段，县乡财政困难几乎遍及全国。因此，改革开放后的比较优势产业工业化战略阶段，从理论上来看，市场经济体制提供的公平竞争的平台以及 "以城带乡" 的政策似乎提高了县域经济的地位，实质上却因横向上县域经济在重工业阶段的落后状态所形成的路径依赖，加上纵向的 "市管县" 体制下资源获取权利的不平等，把县域经济推上了一个更加不公平的竞争与博弈平台，县域经济的地位不升反降成为现实。

总之，改革开放前，县域社会以提供农村剩余劳动产品的方式支持城市和工业的发展，改革开放后，县域社会以提供廉价剩余劳动力和土地资源的方式支持城市和工业的发展。据统计，农民因为工农产品价格剪刀差为城市工业的发展贡献了数万亿元，而土地资源为城市和工业发展的贡献达几十万亿元。国家在这两个阶段偏向城市和工业的发展战略压制了县域的发展并固化了城乡二元结构关系。

三 城乡协调发展战略对县域地位的影响

对比县级政府在我国政府架构中的"接点"地位及县域经济在我国国民经济体系中的现实地位，不难发现二者是极其不协调的。县域经济的落后、县域民众社会权利的缺失，使农村在现代化进程中越来越被边缘化，县域农民的消极社会心理日益突出，"构成了一股'向下的力量'，不仅严重制约了农民政治认同的进一步提升，也对农村政治稳定和基层民主的有序发展构成了潜在的威胁"[1]。县域经济的落后，导致了县域居民对物质匮乏的恐惧；县域居民权利的匮乏，导致了身份自卑和政治疏离等消极社会心理的产生。马克思主义认为，社会心理的形成，"一部分由经济直接所决定的，另一部分由生长在经济上的全部社会政治制度所决定的"[2]。县域经济的落后和政治社会权利的匮乏是国家长期以来实施非均衡的城乡二元发展政策的直接结果，其所形成的消极的社会心理和极低的国家政治认同，使县级政府这个"接点"变得极其脆弱，一旦断裂，将直接危及国家政治的稳定及政权的合法存在。化解"接点"断裂危机的唯一方法就是提高县域经济和县域政治的地位，把农业、农村和农民的发展从国家发展战略的边缘拉到中心，将其放在和城市同等重要甚至比城市更加重要的地位，通过城乡的共享式增长，实现城乡协调发展。

面对城乡二元结构下城乡差距的不断扩大，县域社会矛盾集聚和群体性事件群发，基层治理每况愈下，党和国家领导人意识到国家的社会发展战略必须重新规划。2003 年中共十六届三中全会通过的《中共中央关于完善社会主义市场经济体制若干问题的决定》第一次正式提出"统筹城乡发展"的概念，并将其置于"五个统筹"之首，标志着我国社会经济发展战略的重大调整，此后，"三农"问题一直被作为全党工作的重中之重，实现城乡协调发展也上升到我国国家治理的战略地位。

城乡协调发展是指城乡权利和地位平等、优点互补互促、资源自由流动、共生中共进的和谐发展状态，城乡协调发展要以城乡大致相当的民生

---

[1] 彭正德：《中国农村消极社会心理的政治学分析》，《政治学研究》2012 年第 6 期。
[2] 《普列汉诺夫哲学著作选集》第 3 卷，生活·读书·新知三联书店，1962，第 195 页。

水平为基础，以社会公正为基本原则。目前，城乡发展不协调的关键在于两点：一是县域的经济发展水平远远落后于城市，无法保证城乡居民具有大致相同的民生水平；二是"市管县"体制下，县域政府无法获得与地级市政府平等的政治权力，县域居民无法享受到与城市居民相同的政治权利。因此，县域政治、经济的快速发展是实现城乡协调发展战略目标的关键。国家发展战略的演变决定了县域在我国政治架构和国民经济体系中地位的变迁，城乡协调发展战略依托一系列的政策和制度设计，促进县域政治、经济、社会的发展，提高县域的政治地位和经济地位，使县域与城市拥有相同的参与政治活动和享受公共服务的社会权利，并且能够与城市拥有大致相当的生活水平。

第三节 "省直管县"体制促进城乡协调发展的理论依据

每个社会发展到一定阶段，都会产生一系列阻碍社会进步的问题和矛盾，解决不好，轻则影响社会的稳定，重则造成历史的倒退。社会矛盾和问题不是社会可以自发解决的，需要政府采取合适的方法和手段介入干预，这种干预的工具与理念方法的组合就是制度创新。制度创新的核心内容是社会政治、经济和管理等制度的革新，改革是制度创新的一种形式。制度创新不是"灵机一动"或"性格偏好"的产物，制度创新能否达到它的功能目标是需要理论依据支撑的，缺乏理论依据支撑的制度创新在实践中很有可能是失败的。

城乡协调发展，就是把城市和农村作为一个有机联系的整体统筹考虑、科学规划，使城乡居民享有大致相同的权利、资源、服务和机会，通过城乡之间资源和要素的自由流动、相互渗透，使城乡之间形成一种互动、融合、协调的格局，促进城乡的共同发展。城乡协调发展的衡量标准可以具体化为三条：一是城乡居民在政治上享有平等的地位和政治权利；二是城市和乡村在经济上具有大致相同的水平；三是城乡居民享有大致相同的基本公共服务、生活水平和生活质量。"省直管县"改革作为一项行政体制改革，笔者认为推动其实现统筹城乡发展目标的主要理论依据为管理层级理论、区域经济发展理论和政府分权理论。

一 层级减少、权力下沉

"省直管县"改革最显性的表现就是地方政府层级由"省—市—县"三级变为"省—市、县"两级结构，市、县政府由原来上下级的"父子"关系变为并列的"兄弟"关系。管理层级理论从两个方面支持"省直管县"改革促进城乡协调发展。

（一）行政效率提高激活了县域经济活力

管理层级理论的核心内容是在管理幅度可承受范围的前提下，管理的层级越少，管理的效率越高。管理层级过多会造成两个效率递减：一个是等级间信息反馈的时间效率递减，一个是等级间信息反馈的质量效率递减。政府层级越多，公文旅行的时间越长，等待的成本就越高；政府层级越多，信息的扭曲度就越高，决策的科学性就越差。对县域来说，时间效率的丧失对县域经济的发展显得更为重要。在竞争日趋激烈的当下社会，时间就意味着机会，县域中凡是比较大的经济项目都要经过一级级审批，审批时间过长或故意被地级延长会导致许多项目搁浅，这使县域的经济活动者产生了较大的心理压力，常常还没实施申报就望而却步。管理层级的减少既节省了时间，又排除了地级市的刁难，可以激发县域创业、创新、上项目的热情，增强经济活力，促进县域经济的发展。管理层级每减少一级，附着在这一级别上的权力就要重新分配，行政权力必然随着行政层级的减少而下沉，基层政府在公共治理中的积极性、主动性和灵活性将会提高，这样就使县拥有了更多资源配置的自主权，县域行政的效率也会更高。

（二）县域居民政治地位和政治认同提高

政府层级减少对县域行政效率的提高已经被充分论证且达成了共识，但鲜有学者关注到政府层级减少对城乡政治协调发展的作用。行政层级设置受政治文化、人员素质、技术发展等一系列因素的制约，其中政治文化起着非常重要的作用。纵观我国政府层级的演变，我国的政府层级与政府的行政职能是高度耦合的，"金字塔"式的层级结构与"控制型"政府相对应，"扁平式"的层级结构与"服务型"政府相对应，介于"金字塔"与"扁平式"之间的结构与"控制—服务"型政府相对应。政府层级的减少意味着政府的控制越来越少、服务功能越来越强。"省直管县"体制取消了市县之间的控制关系，省县之间的关系也使服务的要素越来越多、控制的要素越来越少，有利于实现城乡居民的身份平等和权利平等。

政治认同感、政治效能感和政治参与度是高度正相关的三个变量。二元化经济结构下农民的自卑造成了农民消极的政治心理，因为处于社会末梢，农民的政治效能感长期处于很低的水平，因而对政治采取冷漠的态度，政治参与度也相对较低。越是不参与政治，公民的权利越是被忽视，从而又形成了很低的政治认同，当政治认同低到极限时，将会以各种损害社会的方式爆发出来，危及社会稳定。一般来说，公民对政府的认同感会随着政府层级的升高而出现递增的趋势。市、县并立，不是市从省、县之间撤出后退到和县同一的位置，而是县上前一步和市并肩而立，既缩小了县级政府与省级政府的距离，提高了县级政府的地位，使县级政府具有了更高的权威性和责任感，也拉近了县域政府与居民的距离，强化了居民对县域政治的认同感。"省直管县"体制拉平了市与县的地位，缩短了城乡居民的心理距离，弱化了长期以来二元结构下形成的农村居民的自卑心理。农村居民政治认同感的提高和消极自卑心理的减弱都会增加农民政治参与的热情，使其学会维护自身的公民权利，改变"农村社会的要求对基层政权没有制度性约束力，基层政府没有提供公共物品的动机"[1]的状况。

正如李兰芬所述，推动农村的制度变革或生活方式的转型在本质上催生着农民人格的公民化路径。[2] 统筹城乡发展，不只是促进经济的协调发展，还要培养农村居民的公民精神和意识。依据管理层级理论，"省直管县"体制不仅能够通过提高行政效率促进县域经济发展，还可以通过层级减少提高县域政府和居民的政治地位，培养农民的公民意识，促进城乡政治的统筹发展。

---

[1] 赵树凯：《乡镇治理与政府制度化》，商务印书馆，2010，第 265 页。
[2] 李兰芬：《城镇化中的农民人格公民化》，《苏州日报》2009 年 9 月 10 日。

二 县域独立、极化衰减

法国经济学家佩鲁提出的增长极理论是区域经济非均衡发展的理论依据。增长极理论在指导一些国家区域经济发展时,有失败也有成功,所以增长极理论的正确性在 20 世纪 70 年代后饱受质疑。增长极理论说明"市管县"体制会造成城乡发展的不均衡,这从反面意味着"省直管县"体制可以促进城乡的平衡、协调发展。

我国在 20 世纪 80 年代实行"市管县"体制,正是基于增长极理论,先通过不均衡发展的阶段培养出区域经济发展的增长极,再通过增长极的扩散效应走向均衡。我国"农业支持工业"的非均衡发展策略确实促进了城市的发展,使城市成了区域经济的增长极,城市也确实发挥了扩散效应,但只带动了周边很小范围的农村的发展,外围的大部分农村不但没有被带动,反而因为增长极的极化效应被城市吸走了优质资源,造成了城乡差距的扩大。产生这种相反状况的原因不是增长极理论出了问题,而是我们忽视了一个条件:增长极的扩散效应必须在增长极本身达到经济发展的饱和状态后才会产生外溢,而且外溢的持续是以自身的持续饱和为基础的,就像碗里的水,只有满了才会往四周溢,想让水一直溢就必须不停地往里加水。增长极理论并没有考虑四周的人会不会在等待水满的过程中面临着"干涸"的风险,而且增长极一刻不满,它就会像抽水机一样从四周汲取,这就是增长极理论在一些国家失败的原因。按照增长极理论,"市管县"体制必须在市级的经济发展水平非常高的情况下,才能发挥溢出效应;否则,在没有外力干预的情况下,城市会像抽水机一样,在极化效应的力场下,从周边的农村不停地汲取优质资源,使城市与农村之间的差距变得更大。目前,我国城乡差距虽然很大,但是城市的经济发展并未达到而且在相当长的时间内也无法达到"涓滴"的效果,而且,即使达到了"涓滴"的条件,但"灌溉"的面积很小,也不能保证整个城乡区域处于大致相当的发展水平。但是,从社会和谐、稳定发展的目标出发,既不忍心看到农村在"饥渴难耐"中等待,也不愿看到愤怒的农民把城市砸得"千疮百孔",唯一的选择就是利用外力打破基于增长极理论的"抽水"机制。这种外力就是改革，要破坏掉的抽水机制正是"市管县"体制。破旧必须"立新"，新的机制必是"市管县"体制的对立面，也就是"省直管县"体制。

"省直管县"体制抑制了"市管县"体制的极化效应，抑制了城乡差距的继续扩大，并且把更多的资源分配给县域，在县域培养新的增长极，带动县域经济的发展。增长极理论通过证明"市管县"体制违背城乡协调发展的机制，从对立面证明了"省直管县"体制促进城乡经济协调发展的作用。

三　政府分权、资源下沉

政府分权指中央政府向地方政府、市场和社会转让治理权威的过程，治理权威主要包括两个方面的内容：一是职权，也就是权力和职责；二是资源，也就是履行权力和职责所需要的人力、财力、物力和合法性等资源。其中，最为重要的就是财力资源。具体而言，政府分权包括四项内容：政治分权、行政分权、财政分权和经济分权。权力是行政管理的生命线，权力的划分结构决定了资源配置的结构，以康芒斯为代表的制度经济学派强调权力在资源配置中的作用，认为决定资源配置的最重要的因素不是市场，而是社会制度安排所确定的权力结构。

从我国行政区划分分合合的变迁史中可以发现，行政区划与行政层级的设置是国家意愿的权力结构在空间的投射。从外形来看，"省直管县"改革的标志就是行政层级结构的改变，中央三番五次地强调支持有条件的地方进行"省直管县"的行政体制改革，反映了国家分配地方政府间权力的意志发生了变化，这种意志变化的趋向是权力在省、市、县三个行政层级上的投射变为在省—市、县两个层级上的投射，使县级政府的"光圈"离"光源"更近一层，省、市、县地方政府间的政治权力、行政权力、财政权力结构都发生了变化。依据政府分权理论，政府层级越是靠近上级政府，其与上级政府对话的机会就越多，从上级政府获取资源的能力就越强。因此，依据政府分权理论，"省直管县"体制提升了县的政治权力地位，增强了县域政府从上级政府获取资源的能力，为县域的基础设施建设和社会基本公共服务的提供创造了条件，有利于促进城乡基础设施和基本公共服务的均等化。

"省直管县"体制的"招牌"动作就是放权，也就是通过向县级政府分配更多的经济社会管理权限来扩大县域经济社会发展的自主权。这种以善治为目的的放权会带来三个正向结果：①便于地方政府了解居民的偏好，从而提供更合理的公共服务；②分权使政府不再唯上是从，而是俯下身倾听地方的呼声，有效地回应居民诉求，使决策更加切实、科学；③分权有助于拉进政府与居民的距离，实现二者的互动。这三个正向结果有利于唤醒并培养农民的政治权利意识和公民精神，有利于促进农村的公民社会建设和统筹城乡政治一体化发展。

依据财政分权理论，财权由事权确定，要与事权相匹配。"市管县"体制时期"事权在下、财权在上"的扭曲状态，是造成县域财政困难和经济、社会发展落后的根本原因。从理论上来讲，"省直管县"改革通过事权的重新合理划分，公共服务统筹权上移、资源配置权下移，建立财权与事权相匹配的财政分权体系，可以改变原来财权与事权不匹配的状况，使更多的财政资源配置到县，并且形成长期、稳定的财政来源机制，保证县域社会的行政职能和提供社会公共服务的职能有效发挥。

因此，依据政府分权理论，通过"省直管县"改革，县级政府的政治权力地位提升，县级政府获取资源的能力更强、获取的财政资源更多，县级政府决策和提供公共物品的效率更高，促进了省、市、县政府间建立权责清晰、财权与事权相匹配的财政分权体制，保证了县级政府持续的财政资金来源，这些都是统筹城乡基础设施和基本公共服务均等化的重要保障。

总之，虽然从理论上看，县在我国行政层级架构中起着联结城市与农村、传统与现代、边缘与中心的关键作用，县域政治稳定是我国政治稳定的基石、县域经济是我国经济发展的基础，但县域现实的政治和经济地位却是由国家的发展战略及形成的战略性政策所主导的，其现实地位与理论地位呈现出不一致性。正如学者所述："城乡关系的实质是国家战略与农民的关系，决定城乡关系的是政府依据国家战略所制定的资源配置方式、产权形式和分配方式。"① 新中国成立后，我国经历了"偏城市"和"偏工业化"发展的战略阶段，形成了现代化的工业体系，造就了一批经济发达的城市，也留下了大量落后的农村。面对日益扩大的城乡差距，国家的发展战略逐步从工业化、城市化战略转向统筹城乡、促进城乡协调发展的战略轨道。促进县域发展是城乡协调发展的必要条件，因此，与城乡协调发展战略相配套的制度供给必须能够促进县域政治、经济、社会的发展。"省直管县"改革的目标是实现城乡协调发展，依据城乡协调发展的内涵，"省直管县"体制在理论上也具备实现城乡协调发展的条件，二者机理关系的媒介为"县域发展"。

---

① 陈俭：《新中国城乡关系演变的特点及启示》，《河北经贸大学学报》2016 年第 6 期。

第三章

"省直管县"体制改革实践案例及聚类分析

"省直管县"体制改革肩负着通过发展县域经济促进城乡协调发展的历史使命。2005 年以来，国家多次出台的重要文件申明和鼓励有条件的地区积极探索和推进各种形式的"省直管县"体制改革，指出"省直管县财政体制改革的总目标是 2012 年底前，全国除民族自治地区外，力争全面推进省直管县财政体制改革"①，并在"十二五"规划纲要中进一步强调在稳步推进"扩权"改革和"财政省直管县"改革的基础上，有条件的地方要积极探索"行政省直管县"体制改革②。2010 年，中央编办选取了东中西部 8 个省区中的 31 个不同条件的县作为"行政省直管县"体制改革的试点③，并对改革试点提出了 4 点目标和要求：①各试点积极探索"省直管县"体制改革的新途径和新方法，力争 3 年完成试点改革，3—5 年在试点县全部实现"省直管县"体制，并积极推动条件具备的省份在全省范围内实行"省直管县"体制；②改革要有利于促进发展、有利于推动政府职能转变、有利于提高行政效能、有利于服务群众；③改革要以扩大县级政府的经济社会管理权限为重要切入点，先易后难、循序渐进，突破"市管县"的体制框架，从打"外围战"向触及内部深层次问题（如干部管理体

---

① 《财政部关于推进省直接管理县财政改革的意见》，2009 年 6 月。
② 《中华人民共和国国民经济和社会发展第十二个五年规划纲要》，2011 年 3 月。
③ 8 个试点省份为东部地区的江苏省和河北省，中部地区的安徽省、河南省、黑龙江省、湖北省，西部地区的云南省和宁夏回族自治区；31 个试点县的构成为河南省 10 个、安徽省 2 个、湖北省 3 个、黑龙江省 2 个、河北省 6 个、江苏省 3 个、云南省 3 个、宁夏回族自治区 2 个。

制、司法体制、地方政府间财政分配关系）推进；④注意改革政策的系统性和协调性，配套进行相关改革。尽管中央考虑到给地方更多的制度创新空间，一直没有出台关于"省直管县"改革的顶层设计，但在我国政治集权的体制下，只要是中央层面感兴趣的改革，地方领导人就会积极地配合和实验。浙江省"财政省直管"的示范效应和中央多次鼓励、支持的信号激励了诸多省份探索和推进"省直管县"体制改革的实践行动。目前，全国已有 24 个省份不同程度地展开了"省直管县"改革。

2013 年 11 月，党的十八届三中全会通过的全面深化改革的决定，要求通过深化行政体制改革，建设有中国特色的行政体制，并把通过优化行政层级的"省直管县"体制改革实现地方治理现代化作为行政改革的突破口，为"省直管县"改革提出了更高要求，指明了将改革推向深入的方向。从 2014 年起，"省直管县"体制改革进入了全面推进"财政省直管"和"财政省直管"向"行政省直管"加速推进的"攻坚"时期。由于各个省份经济、地域等条件的差异，以及领导人的政治偏好不同，各个省份"省直管县"体制改革推进的力度和状况呈现出差异性。但无论是哪个省份，改革越是推向深入，牵涉的利益面越广，问题也越复杂，同时越需要改革者的智慧和胆识。2015 年之后，处于"攻坚"阶段的"省直管县"改革面临重重难题，再次陷入"进退两难"的尴尬境地。对各类地区"省直管县"体制改革的推进状况进行比较和综合分析，找出影响改革推进的关键因素，并据此进行科学的制度框架设计，是持续推进"省直管县"体制改革取得成功的关键。鉴于此，本书分别选取东部的浙江省、中部的河南省、西部的贵州省，对三省份的改革路径、成效与问题进行分析，从促进城乡协调发展的目标出发，聚类分析影响"省直管县"体制改革持续推进的因素，为"省直管县"体制改革在逆境中的推进提供经验借鉴。

第一节　东部省份：浙江省的改革实践

按照经济带的划分，我国的东部省份包括北京市、上海市、天津市、海南省、河北省、辽宁省、江苏省、浙江省、福建省、山东省和广东省11

个省份。东部省份中，3 个直辖市和海南省在成立之初就实行了省（市）直辖县的体制；其他 7 个省份也全部展开了不同模式、不同程度的"省直管县"体制改革。东部地区的浙江省是我国"省直管县"体制改革的发源地和成功者，其改革实践对我国其他省份产生了强烈的示范效应，成为典型中的典型，其改革的经验具有重要的借鉴意义。目前，浙江省已经具备了向"行政省直管"过渡的条件，虽蠢蠢欲动，却一直没有把改革向"行政省直管县"推进，其深层原因的探析对于省直管县的理论与研究具有重要意义，这两个方面是本书以浙江省为研究样本的缘起。

浙江省地处我国长江三角洲南翼，是仅有 10.55 万平方公里陆地面积的沿海省域，省域纵横长度均为 450 公里，省域面积在全国所有省份中位居第 29 位，是我国省域面积较小的省份之一。由于省域面积狭小，浙江省所有县、市都分布在以杭州为中心的两小时交通圈内，是我国省会城市与各市、县之间空间距离最近的省份。截止到 2016 年，浙江省常住人口城镇化率高达 64%，城乡居民收入比为 2.066。[①] 连续多年，浙江省的城镇化率和城乡收入比指标水平在全国首屈一指。

以创业、创新为特征的浙商文化推动了浙江省民营经济的迅猛发展。浙江省在无特殊政策、无区位优势、无经济基础的艰难条件下，依靠民营经济"创造了全省 70% 以上的生产总值、60% 以上的税收、76% 的外贸出口、90% 以上的新增就业岗位；全国民营企业 500 强中，浙江就占了 203 席，总数居全国第一"[②]。民营经济成为浙江经济社会发展的一道最为亮丽的风景线。浙江的民营经济主体主要分布在县域，其"县域经济"远远超越地级市，成为浙江省经济总量构成中的"大块头"。2011 年，浙江省县域经济的总量已达到全省经济总量的 80%。

诸多学者认为，浙江省县域经济的发展壮大，得益于 1953 年以来浙江省一直实行的"财政省直管县"体制，这种体制为民营县域经济创造了适宜的制度环境；也有学者认为，是因为浙江省县域经济发达才适合实行

---

① 参见《浙江省政府工作报告》（2017）。
② 《浙江民营经济创业创新之路》，http://www.zj.gov.cn/art/2006/7/3/art_964_415112.html，最后访问日期：2006 年 7 月 3 日。

"财政省直管县"体制。其实，无论哪种说法都印证了"财政省直管县"体制作为上层建筑与"县域经济发达"的经济基础相适应的事实。

一　浙江省"省直管县"体制改革的背景与历程

1953 年，中央宣布撤销大区级财政，建立市、县财政层级，浙江省政府遵照执行，但有别于其他省份把"县财政"置于"市财政"之下的做法，浙江省把市、县放在并列的层级直接与省财政发生关系。浙江省根据自己的特殊省情，面对 1982 年"市管县"体制热潮的冲击、1986 年和 1993 年地市级政府和省级政府要求"市领导县"的呼吁以及 1994 年分税制改革对财政"省直管县"体制的争议，坚持在除宁波外的所有县实行"财政省直管县"体制，并且实行县级党政一把手由省直接管理，创造了县域经济发展的奇迹。

"财政省直管县"体制无疑为浙江省县域经济的发展提供了便利，但是，在"财政省直管县"体制推行的过程中，由于县域的干部管理和行政领导权掌握在地级市手中，财政"省管"与行政"市管"体制的冲突越来越成为抑制"财政省直管"体制发挥成效的桎梏。浙江省委、省政府意识到必须从财政权、行政权、人事权多方面对县级政府进行改革，才能充分释放"省直管县"体制的效能。进一步深化和完善"省直管县"体制势在必行。

1992—2010 年，浙江省共进行了五轮县级"扩权"改革和两轮"强镇扩权"改革，渐进地下放经济管理权限和社会管理权限，并以法制化的形式予以保障。特别是对义乌市以计划单列的形式进行放权，将其打造为"全国权力最大的县"，标志着浙江省的"省直管县"体制改革向"行政省直管"的"深水区"迈进。浙江省在"强县扩权"的同时，不失时机地跟进"强镇扩权"，把"省直管县"改革的触角向县域内部延伸，进一步放大了"省直管县"改革的成效。另外，不同于全国大部分县域"行政发包制"和"晋升锦标赛"等扭曲性的地方经济发展激励机制，浙江省在"财政省直管县"的基础上，以"让利于县""还富于民"为原则，出台了一系列省级财政对市、县财政进行补助和奖励的机制，调动了县级干部发展当地经济的积极性。浙江省改革最终形成的"财政省直管＋人事省直管+准行政直管"模式，其内容可概括为三个方面：一是在"财政省直管"的基础上实行"省内分税制"和分类财政激励机制；二是县（市）委书记、县（市）长的选拔、任命、考核等由省直接管理；三是按"能放全放"的原则进行"强县扩权"和"强镇扩权"，下放经济和社会管理权限。自1992年始，浙江省"省直管县"体制改革的内容可用表3－1概括。

表3－1　浙江省"省直管县"改革一览

改革模式	年份	涉及县域	主要改革内容	相关文件
强县扩权：扩大经济管理权限	1992	萧山、余杭、鄞县、慈溪等13个县	扩大审批权，简化审批手续（基本建设、技术改造、外商投资）	《关于扩大十三个县市部分经济管理权限的通知》（浙政发〔1992〕169号）
	1997	萧山、余杭	扩大审批权限（基建、技改、外贸、金融、出国出境）、计划管理权限、土地管理权限等共12项	1.《关于在萧山和余杭两市试行享受市地一级部分经济管理权限的批复》（浙政发〔1997〕53号）2.《关于授予萧山、余杭两市市地一级出国（境）审批管理权限的批复》（浙政办发〔1997〕179号）
	2002	绍兴县、温岭市、萧山区、余杭区等20个县级单位	1. 按"能放就放"的原则下放包括计划、经贸、对外经贸、国土、交通、建设等在内的12大类313项经济管理权限 2. "省管县"党政班子"一把手"可提升级别，实行省级管理、市级备案	《中共浙江省委办公厅、浙江省人民政府办公厅关于扩大部分县（市）经济管理权限的通知》（浙委办〔2002〕40号）
强县扩权：扩大社会管理权限	2006	义乌市	1. 除规划管理、重大资源配置、重大社会事务管理之外，赋予义乌市与设区市同等的472项经济社会管理权限 2. 赋予义乌市根据经济社会发展需要调整优化相关管理体制和机构设置 3. 支持义乌市设立海关、出入境检验检疫、外汇管理、股份制商业银行等分支机构 4. 采取"高配"等手段激励党政领导干部	《中共浙江省委办公厅、浙江省人民政府办公厅关于开展扩大义乌市经济社会管理权限改革试点工作的若干意见》（浙委办〔2006〕114号）

续表

改革模式	年份	涉及县域	主要改革内容	相关文件
扩权强县	2008—2009	全省县级单位	1. 以减放并举、依法下放、权责一致、提高效能为原则，通过减少管理层级直接下放给义乌市经济社会管理权限共 618 项（原有 524 项＋新增 94 项） 2. 下放其他县（包括萧山区、余杭区）经济社会管理权限 443 项	《浙江省加强县级人民政府行政管理职能若干规定》（省政府令第 261 号）
强镇扩权	2007	141 个省级中心镇	赋予中心镇财政、规费、资金扶持、土地、社会管理、户籍等 10 个方面的经济社会管理权限	《关于加快推进中心镇培育工程的若干意见》（浙政发〔2007〕13 号）
	2010—2011	覆盖 11 个地级市的经济强镇	1. 加快中心镇培育发展，扩大试点范围，加强中心镇规划建设，建立省、市、县三级共同扶持体系 2. 加快中心镇转型升级，开展小城市培育试点	《关于进一步加快中心镇发展和改革的若干意见》（浙委办〔2010〕115 号）

资料来源：根据官方文件整理。

二 浙江省 "省直管县" 体制改革的成效、经验与问题

（一）浙江省改革的成效分析

改革开放以来，浙江省在无区位和经济基础优势及政策优惠的条件下，从一个资源小省发展为县域经济十分发达、统筹城乡均衡发展的经济强省，其一直延续的"财政省直管县"体制、县级领导干部"省管"体制和之后进行的多轮"扩权改革"发挥了重要作用。其成效主要表现在以下三个方面。

1. 赋予了县域经济发展的活力，促进了县、市经济的共同发展

"财政省直管县"体制是增强县域经济发展自主权、做大做强浙江省县域经济的重要战略。在该体制下，财政资源分配重心下移，政府规划管理更加贴近县域实际，一系列激励措施加大了县级财政留成的比例，县域内生性自我增长与发展的积极性和主动性明显增强，县域经济发展高歌猛进，县域经济总量达到全省经济总量的 70% 以上，20 世纪 90 年代以来连

续 20 余年保持县域人均纯收入全国第一。2003—2004 年，浙江省进入全国百强县的数量达到 30 个，占全省县域数的近一半，居全国各省份数量之首，即使 2009 年之后浙江省经济遭遇了转型之痛，2010 年仍有 25 个县荣登全国百强县榜。另外，浙江省在采取一系列激励措施发展壮大县域经济的同时，也把同样的政策赋予地级市，促使县、市同台平等竞争，使地级市的财政收入也以不低于 10% 的速度逐年递增，保障了地级市的财政自给能力。

2. 促进了城乡经济、社会的一体化发展

"财政省直管县"体制保障了省级财政对农业和农村社会发展的专项支持资金可以直接到达县级财政；财政分成和其他激励机制增加了县域农村经济和社会发展各项事业所需资金的注入渠道，为农村地区的公共资源投入、基础设施建设、环境面貌改善提供了资金保障。国家农调总队的统计数据显示，2004 年浙江省农村全面小康实现程度已经高达 58.9%，比全国平均水平高出 37 个百分点，比江苏省和南部广东省高出 10 个百分点左右，直逼北京、上海、天津三个直辖市。2007 年，浙江省农村居民与城镇居民人均可支配收入比为 1∶2.49，而全国同期比例为 1∶3.33，浙江各级财政"三农"投入由 179 亿元猛增到 496 亿元，增长 1.8 倍，农村的基础设施和公共服务条件显著改善，等级公路和客运班车通村率分别达到 96.2% 和 88.5%，89.7% 的农村居民用上了自来水，96% 的家庭接通了有线电视。①

3. 增强了省级政府的财政统筹与调控能力，提高了财政管理的效率

"财政省直管县"体制，一方面保障了省级财政资源毫无截留地下放到县的高效率，提高了财政资金的运转率；另一方面，省级财政可以绕过市级财政的干扰，根据实际情况调整和统筹城乡之间和地区之间均衡发展。例如，2007 年，浙江省财政对欠发达及海岛地区累计转移支付 513 亿元，比前五年增长 1.8 倍②，实现了 75% 的欠发达县域人均可支配收入高于全国平均水平。浙江省 2006 年的人均 GDP 差异系数一直维持在 0.2 左右，处于相对平衡的状态，这与浙江省实行"两保两挂""两保一挂"等分类激励的调控政策不无关系。

---

① 参见《浙江省政府工作报告》（2008）。
② 参见《浙江省政府工作报告》（2008）。

（一） 浙江省改革的经验借鉴

浙江省作为全国"省直管县"改革的领跑者和成功示范者，其改革经验成为各改革省份认真学习和研究的"典型中的典型"，其成功经验可以概括为以下几点。

1. 市场经济体制下，政府职能的主动转变

改革开放40年来，浙江省民营经济发展突飞猛进，早已成为浙江省经济总量的绝对主力，但民营经济作为县域经济的主体，其发展壮大不是在没有任何干预下自发完成的，而是在浙江省地方政府的引导和扶持下实现的。与其他省份的县级政府热衷于直接参与经济活动创造出"GDP式"政绩的行为取向不同，浙江省县级政府认定了民营经济是地方经济发展的支柱，把主要职能和政绩体现集中在如何为民营经济提供好产权保护、创造好发展环境、解决好外部问题等方面。[①] 浙江省历经五轮"强县扩权"和"扩权强县"改革，最大限度地扩大县域经济发展的自由度，废除多项行政审批项目，目的都是解除县域民营经济发展的束缚，赋予其更强的发展活力。浙江省县级政府从"管家婆"到"护航者"的职能转变，使其管理的事务逐渐减少、政府人员和部门规模逐渐缩小，政府运转良好但财政支出却没有增加，县级政府实现了"资源所有者"与"行政管理者"身份的分离，成为卓有成效的公共服务型政府。正如一些学者所述："浙江'省管县'体制的成功之处，关键在于其在转变政府职能、构建与市场经济相适应的公共服务型政府方面走在了全国的前列。"[②] 这种扬弃"唯GDP论"政绩观的政府职能转变被一些学者誉为浙江省"直管县"体制的"真经"。浙江省民间经济的活跃与发达为浙江省县级政府的职能转变提供了条件。但是，在欠发达省份，民间经济不活跃、投资环境较差与官员升迁的"压力型体制"交织在一起，政府职能转变困难重重。

2. 实行"省内分税制"和财政激励机制配套改革

财政分权是行政分权的重点和基础，浙江省在1994年中央与地方分税

---

① 邓泽洪等：《浙江中小企业发展过程中服务型政府的构建及启示》，《上海经济研究》2004年第4期。

② 赵聚军：《构建与市场经济相适应的地方行政领导体制——对浙江"省管县"体制绩效的实证研究》，《中共宁波市委党校学报》2006年第3期。

制改革的基础上,通过"省内分税制"改革在省与市、县财政之间进行财政收入划分。省内分税制总体上扩大了县级财政的留成比例,增强了县级政府的财政收入与支出能力。

"省内分税制"首先明确划分了省级财政和市、县财政的收入来源税种、比例,然后省级财政通过固定上缴、税收返还和增量留成三种方式对县级财政收入进行分成。省内分税制的内容参见表3-2。

表3-2 浙江省"省内分税制"内容一览

收入来源		收入分成		
省级财政	市、县财政	固定上缴	税收返还	增量分成
1. 全省电力企业增值税的25%、企业所得税的40% 2. 非银行金融企业营业税及企业所得税的40% 3. 浙江移动、沪杭高速浙江段集中缴库企业所得税地方分成部分 4. 省级各项非税收入	1. 市、县企业增值税的25%、企业所得税的40%、个人所得税的40% 2. 营业税、城市维护建设税、房产税、城镇土地使用税、土地增值税、耕地占用税、契税等 3. 市、县各项非税收入	与原体制相同,即市、县以2002年决算为基数,固定上缴分税制下应上缴省财政部分	1. 1993年,各市、县上划省政府的收入全额返还给市、县 2. 1994年后,税收返还额以1993年为基数,按各县、市上缴增值税和消费税增长率的1:0.3逐年递增	1. 2003年以前,超过上年收入基数的增量,省与市、县二八分成 2. 除电力、金融企业的地方所得税、营业税、地方增值税外,原属于省属企事业单位的各项税收全部作为市、县预算收入 3. 市、县税收返还数超过1993年基数的部分,省与市、县二八分成

资料来源:根据原始资料整理。

通过"两保两挂"等一揽子财政激励政策调动不同类型县域经济发展的自主性和积极性,是浙江省"省直管县"体制改革在财政体制领域的重要制度创新,"如果没有'两保两挂'等具体设计,浙江能否有今天这样的结果也值得深思"[①]。从1995年开始,浙江省以"抓两头、带中间、分类指导"为原则在全省68个市、县实施"两保两挂"、"三保三挂"、"亿元县上台阶"、分类分档激励等多种类型的财政激励政策,一方面把地方

---

① 张占斌:《省直管县体制改革的实践创新》,国家行政学院出版社,2009,第69页。

增收、收益与领导干部的奖励直接挂钩,调动了县级政府积极培育财源、做大做强县域经济的积极性;另一方面依据经济发达程度的不同采取不同的激励政策,增强了省级财政的宏观调控能力,便于统筹各县、市的均衡发展,如表 3 - 3 所示。

表 3 - 3 浙江省"省直管县"体制改革财政激励政策

激励政策	政策内容	实施对象	实施时间
"亿元县上台阶"	地方财政收入首次上亿元的县市,一次性奖励 30 万元,每超 3000 万为一台阶,上一个台阶一次性奖励 20 万元	经济发达县	1994
"两保两挂"	在确保当年财政收支平衡、确保各项职责任务完成的"两保"前提下,实行"省补助与地方财政收入挂钩""奖励与地方财政收入增收额挂钩"。具体措施包括以 1994 年为基数,补助增长百分点为地方财政收入增长百分点的 1/2,地方财政收入每增长 100 万元,一次性奖励 5 万元	17 个经济欠发达县及海岛县	1995
"两保两联"	在两个确保(同上)前提下,省财政对县的奖励与"地方财政收入增收上解省级的收入"和"技改补助"相联系。具体措施为 1996 年地方财政收入超过 2 亿元,省财政奖励 5%,补助 11%;财政收入 2 亿元以下的县,省财政奖励 4%,补助 10%	"两保两挂"政策未覆盖县	1997
"三保三挂"	"两保两挂"基础上增加"一保一挂","一保"指确保所辖县(当年)财政收支平衡;"一挂"指省财奖励与城建补助(含市管县经费)挂钩,挂钩方式为当年全市增收省财分成 20%(环比)部分的 25%	衢州、舟山、丽水、金华 4 地级市	1999
"三保三联"	"三保"同上,"三联"是前述"两联"再加"省财奖励与城建补助(含市管县经费)相联系,联系比例为当年全市增收省分成 20%(环比)部分的 25%"的"一联"	杭州、温州、嘉兴、湖州、绍兴、台州 6 地级市	
新"两保两挂"	在原"两保两挂"政策计算的基础上,以 2002 年为基数(剔除财力性专项增列),地方财政收入增长 1%,省补助按挂钩系数增长(2003—2005 年分别为 0.5%、0.4%、0.3%);26 个县奖励比例为地方财政增收额的 10%(8% 为发展基金,2% 为考核奖励),对于"三包三挂"4 地级市,奖励比例为 5%(4% 为发展基金,1% 为考核奖励)	30 个市、县	2003

续表

激励政策		政策内容	实施对象	实施时间
"两保一挂"		"两保"与原"两保两联"相同,"一挂"指省奖励与地方财政收入增收额挂钩,挂钩比例为5%,具体内容为针对"三保三联"的6个地级市,4.5%为发展奖励,0.5%为考核奖励;针对其他27个县,4%为发展奖励,1%为考核奖励	原"两保两联"政策覆盖的33个市、县	2003
分类分档激励政策	三档激励补助奖励政策	在完成两个"确保"的前提下执行。1. 补助办法为地方财政收入每增长1%,省补助挂钩系数分三档增长:第一档(文成等6县)为0.4%,第二档(淳安等20个市、县)为0.3%,第三档(三门等6市)为0.2%。2. 奖励办法为奖励额与地方财政收入增收额挂钩,分为两档:第一档为衢州等4个设区市,挂钩比为5%(4%为发展资金,1%为考核奖励);第二档为淳安等28个县、市,挂钩比为10%(8%为发展基金,2%为考核奖励)	欠发达地区的32个市、县(原"两保两挂"30个市、县+平阳县、兰溪市)	2008
	两档激励补助政策	在完成两个"确保"的前提下实行省奖励与地方财政增收额挂钩。奖励分为两档:第一档为杭州等6个设区市,挂钩比为增收额的5%(4.5%为发展资金,0.5%为考核奖励);第二档为富阳等25个县,挂钩比为5%(4%为发展资金,1%为考核奖励)	发达和较发达地区的31个市、县	

资料来源:根据浙江省相关官方文件整理。

3. "强县扩权"与"强镇扩权"并行、"减权"与"放权"兼顾

浙江省"省直管县"体制改革是在"财政省直管+领导干部省直管"的基础上通过多轮扩权逐步向"行政省直管"过渡的过程。其扩权过程呈现出由下放"经济自主管理权"向下放"社会自主管理权"的渐进性、"强县扩权"向"强镇扩权"的递延性、"减权"与"放权"的同步性特征。

浙江省的"扩权"改革表面看来是下放给县级政府诸多的经济社会管理权限,这种放权方式被诸多改革省份所效仿,殊不知,浙江省所采取的比"放权"更有效的手段为"减权","正是审批事项的削减才给放权提供了可能,浙江审批事项改革是省直管县的前提,而且这两个进程是一个

相辅相成的过程"①。"减权"是一种更高层次的放权，被诸多学者认为是浙江省"直管县"改革的"秘密武器"，浙江省在放权的同时废除了多项省级审批事项，最大限度地为县域经济松绑。自1999年始，浙江省政府连续进行了三次革命性的减权，省级审批权限从原来的3251项锐减到2009年的630项，不足原来的1/5。

东部发达省份经济发展的实践证明，省域经济强在县域经济上，县域经济强在乡镇经济上。乡镇经济既是县域经济的突破口又是其重要组成部分，对三农问题的解决和农村小康社会的建设具有重要意义。浙江省是以民营、民本经济起家并立足的经济强省，县域"块状"经济结构突出，民营经济主要布局在乡镇，乡镇中小企业占全省中小企业总数的95%，因此，浙江经济属于典型的"百姓经济"。2004年，浙江乡镇企业吸纳了45.65%的农村劳动力，农民人均年纯收入的52%都是依靠在乡镇企业务工得来，乡镇企业还贡献了浙江省财政收入的近60%和全省工业增加值的88.24%。浙江省乡镇政府一方面肩负着统筹城乡发展、新农村建设、推动城镇化建设的重任，一方面要为大量的乡镇企业提供服务。然而，与其相对应的却是极其有限的经济、社会管理权限和非独立的财政权限，这种冲突严重限制了最基层的乡镇政府的社会管理和公共服务能力。为了解决乡镇经济社会快速发展与乡镇政府管理权限严重不足的矛盾，浙江省在"强县扩权"的同时适时启动"强镇扩权"，赋予经济强镇和中心镇部分县级政府经济社会管理的权限，进一步激发了乡镇的经济活力，增强了乡镇政府经济、社会管理和提供公共服务的能力，促进了乡镇的工业化、城镇化建设。例如，2012年，浙江省柳市镇的财政收入达到28.69亿元，宁围镇的财政收入达到24.6亿元，②农民人均年收入接近30000元，经济和财政实力已经超过其他省份的地级市。被誉为"中国农民自费造城的样板""中国第一座农民城"的龙港镇，因率先推行土地有偿使用、户籍管理制度，以及集资建设公共设施而享誉全国。1996年，龙港镇被国家相关部委确立为"实施小城镇综合

① 胡念飞、胡亚柱：《义乌"扩权"成中国权力最大县》，南方新闻网，最后访问日期：2009年2月24日。
② 参见《温州市统计年鉴》（2013）、《杭州市统计年鉴》（2013）。

改革"试点,积极探索新型小城镇运行机制,对行政、财政、计划等7个方面的管理体制进行了大刀阔斧的改革,建立了浙江省内第一个镇级金库,以计划单列的模式享受部分县级经济社会管理权限,有力地促进了龙港镇经济社会的发展。2013年龙港镇人口规模已超过25万人,经济总量达185.7亿元,财政收入达18.9亿元,[①] 已达到一些地级市的体量。如今,龙港镇已被批准试点更高级别的"强镇扩权"——"镇改市",即将完美演绎"乡村社会结构"向"城市社会结构"的华丽转身。

4. 注重培育社会治理力量

中国作为一个东方大国,国家理念与权威在人们心中占据着强势地位,造成了当代中国民间社会组织的贫乏与弱小。国家能力强大与社会能力弱小的不平衡状态,与当前社会主义市场经济和公民社会的发展是不相适应的。"省直管县"体制既要求县域社会能够承接因县域政府系统超载而无法有效完成的社会职能,又需要社会组织克服公民个人的政治无力,凝聚民间力量与政府进行博弈,并对政府权力进行监督。

独特的地域文化构成了浙江人独特的精神气质。浙江人在求生存谋发展的过程中形成了独立思考、不等不靠、自主创业、勇于创新的精神传统,正是这种精神传统促使浙江人在改革开放和市场经济的实践中能够"打破单纯依靠政府运用行政力量自上而下地推进改革进程的被动局面,形成主要由基层群众,由民间的力量自下而上地推进改革进程的内生型的发展模式"[②]。在此过程中,浙江省各级政府能够摆正自己的位置,本着既对上又对下负责的态度,把党的方针政策和浙江省的实际情况结合起来,以"三个有利于"为价值标准,以广大群众摆脱贫困、富裕幸福为根本目标,对人民群众冲破旧体制的创新与创业实践采取了"默许—支持—引导"的态度路线,在全省形成了"允许试、允许看、允许失败"的创新氛围,为人民群众大胆实践、改革创新创造了有利的社会政治环境,在潜移默化中使社会力量不断发展壮大。

[①] 参见《温州市统计年鉴》(2014)。
[②] 何显明、许新荣:《浙江精神与浙江现象的文化动因》,《中共浙江省委党校学报》2001年第3期。

浙江省既是民营经济强省，也是社会组织大省。民营经济是浙江县域经济的承载者，也是经济发展制度创新的推动者。浙江省民营经济发展壮大的过程中，培育了以商会为代表的各类民间组织，有效地承接了政府职能转变过程中转移出来的多项经济社会管理职能。2007 年底，浙江全省在县以上主管部门登记注册的各类社会组织共 24345 个，社会组织总数位居全国第三，每万人拥有社会组织数居全国第二位，浙江省的社会事业与社会发展水平位居全国前列。根据国家统计局公布的全国 31 个省份的社会发展水平综合评价结果，2003—2006 年浙江省社会发展水平稳居（除北京、上海、天津之外）全国各省区第一。① 2000 年之后，浙江社会组织每年都以不低于 15% 的速度持续发展，社会组织的触角已伸向社会生活的各个领域。

"省直管县"体制改革通过减少政府层级重塑地方政府间的关系，管理层级的减少意味着管理幅度的增大，省级政府在管理幅度扩大的前提下要想管得过来、管得有效，就必定要向市场与社会让渡职能。因此可以说，"省直管县"体制改革也是国家、市场和社会关系的重塑。浙江省依托社会组织的发展壮大培育公民精神、构建公民社会，建立了行业和基层社会的自管理机制，实现了政府与社会的良性互动，保障了公民利益表达和政治参与的有序化，塑造了"党委领导，政府负责，社会协同，公众参与"的新型基层社会治理格局。这也是"省直管县"体制能够在浙江省成功实践的另一重要因素。

（三）浙江省改革的问题与启示

1. 财政"省管"与行政"市管"的冲突

浙江省很早就实行了"财政省直管县"和部分人事（县级党政一把手）"省直管县"体制，可谓走在了"省直管县"体制的前列。1992 年之后，浙江省又进行了多轮扩权改革，意在使县级政府拥有更多的行政自主权。但是，各地的实践证明，很多权力的下放属于"明放暗不放、放小不

---

① 吴锦良：《政府主导、社会参与、多方协作——改革开放以来浙江民间社会组织参与社会建设的经验及启示》，《中共宁波市委党校学报》2008 年第 6 期。

放大、放虚不放实","扩权"并没有从根本上使县级政府摆脱地级市的控制。"财政省直管 + 行政市管"的模式使县级政府仍然要在两个"婆婆"之间左右逢迎、疲于奔命,提高了行政成本、降低了行政效率。例如,金华市与义乌市的行政隶属关系,"在一定程度上决定着义乌所获得的一些资源支撑和政策扶持必须依赖于金华的政治决策,鉴于'朝小野大'的格局短时间内很难从根本上扭转,行政关系于是日渐成为制约双方发展的体制性障碍,从而导致市县关系失调"①。杭州市对其下辖的萧山区和余杭区的"爱与恨"也充分反映了财政、行政两种不同管理体制的冲突所在。②另外,除了党政一把手归省里直管,其余的干部都归市管,县级干部由于受到制约或有所顾虑,很容易采取违背市场规律的方式。因此,为了解决财政"省直管"与行政"市管"的矛盾冲突,最大限度地发挥"省直管县"体制的效能,浙江省应适时推进改革,在条件成熟时过渡到财政、人事、行政全面直管的"行政省直管县"体制。

2. 权力效能发挥受"条块"管理体制的制约

在浙江省扩权改革的过程中,受我国"条块"管理体制的约束,很多权力因为缺乏法律、法规方面的支持而无法下放。我国一系列实行垂直管理的重要行政机构和要素部门,如税务、土地、海关、金融、电力等,对社会经济的发展起着举足轻重的作用,这些部门形成了自上而下的严格的管理序列,服务于地方却不归地方管理,造成了与地方非垂直管理部门的脱节,没有动力依据当地情况调整自己的管理体制。因此,"扩权"改革不但在这些领域无能为力,还会制约其他领域"扩权"的成效。对于这些省级以下的垂直管理部门,省级层面应该积极协调其与县级的关系,可以进行下放地方或省县直接对接的管理体制改革;而对于金融、国税这些中央垂直管理部门则需要国家的顶层设计。

---

① 陈国权、李院林:《县域社会经济发展与府际关系的调整——以金华—义乌府际关系为个案研究》,《中国行政管理》2007 年第 2 期。
② 萧山区和余杭区由于财政口归省里直管,来自杭州市的支持比其他区明显减少,限制了两区经济的发展,而没有实行"财政省直管体制的宁波市,其所辖县在其带动下,经济一直处于强劲发展势头"。

3. 县域"块状"经济与中心城市发展的矛盾

浙江省的民营企业由相互独立的家庭作坊式的个体经济单位演化而来，其存在形式多为中小企业，这决定了浙江省的经济模式为典型的独立、分散化的"块状"经济，县域内的中心城镇是其资源配置和产业分工的基本空间。① 浙江省的"财政省直管县"体制及"扩权"改革一方面为民营经济松绑，促成了县域"块状"经济的迅猛发展，另一方面也抑制了中心城市的发展。"财政省直管县"体制下，县域具有较强的经济独立性和自主性，县域内众多分散的中小企业以小城市和中心镇为平台如雨后春笋般发展起来，这种内生性的经济发展模式使县、市之间的经济联系难以形成且显得多余，县域经济失去了寻求更高发展平台的动力。通过经济规律的自发作用，地级市应该成为聚集区域内优势资源的增长极来带动和统筹周边县域的协同发展，但浙江省长期以来实行的"财政省直管县"体制，从经济发展初期就阻断了其从县域汲取人力、财力、土地等资源的极化渠道，抑制了中心城市的发展壮大，使地级市基本保持与县域经济同样的发展水平甚至落后于县域经济。这种市、县匀质发展的分散的"块状"经济模式为浙江省奠定了扎实的经济基础，但目前浙江经济处于工业化中期起飞阶段，需要借助较高平台实现资本要素集聚和产业整合，从而提高区域综合竞争力，这只能依托具有增长极和统筹功能的中心城市来实现，分散的"块状"经济显然无法适应这种要求。但是，在"财政省直管"体制下，中心城市要素聚集的能力变得非常弱，无力发挥增长极的功能。浙江省除了杭州和宁波之外，基本没有能够带动周边地区发展的中心城市，甚至出现了县对地级市的"反带动"现象，如义乌市对所属金华市的"反带动"，导致浙江省产业结构优化升级平台严重缺失。2008 年的金融危机使浙江民营经济损失惨重，近年来浙江省一直致力于产业结构转型升级，结果却不尽如人意。浙江县域经济发展被江苏、山东等省份赶超的事实，都证实了"块状"经济与地级市发展的矛盾对浙江省经济综合竞争力的抑制。全力推进中心城市发展，是浙江省经济发展上台阶、提高水平和保持

---

① 潘晓娟、吕芳:《攻坚:聚焦省直管县体制改革》，中国社会科学出版社，2013。

长期集约增长的战略选择，也是浙江省经济实现转型升级的重要条件。[①]本应向"行政省直管县"体制推进的浙江省"直管县"改革近两年来几乎停滞，应该与"省直管县"体制对中心城市发展的抑制有重要关系。

4. 区域合作与公共资源共享问题

区域合作与公共资源共享主要是为了解决具有外部性的区域公共问题和事务。

治理关系主要指不同管理辖区或具有不同管理职责的政府通过相互协调、沟通解决区域公共事务问题时产生的分工与合作关系。[②] 我国地方政府间区域合作和公共资源共享严格受到"行政区"边界的限制，多发生在具有行政隶属关系的政府层级之间；不具有相互隶属关系的同一层级地方政府均为"政治锦标赛"的参赛主体，相互关系多体现为零和博弈的竞争关系，因难于突破"行政区经济"的封锁，合作与共享的机制难以形成。县、市各自为政的非合作化封闭运行造成了地方区域治理关系的失序和治理效率偏低，具体表现在三个方面：第一，为追求"小而全"进行县、市基础设施的重复建设，造成资源利用效率偏低，提高了社会治理的成本；第二，涉及若干市、县的环境保护、道路交通、疾病防治、流域问题等公共治理问题被漠视，影响了区域的可持续发展；第三，"区域分割"造成区域内产业集聚和优化升级困难重重，影响了区域的协同发展和综合竞争力。"财政省直管县"体制的长期运行成就了浙江省县域发展的独立性和自主性，同时导致了县域的自成体系、封闭运行，经济、社会活动空间外溢性较差，区域内公共管理呈现碎片化趋势，缺乏区域合作和资源共享。例如，浙江很多县域建有齐全的文化场馆设施，但利用率极低；义乌市、金华市和兰溪市都要建高尔夫球场，为最终取舍展开了强烈博弈；义乌跨县域购买东阳饮用水问题、兰溪市的污水处理问题等都需要区域合作与资源共享机制加以解决。

事实上，社会治安、环境污染、公共设施建设等问题可以通过区域经

---

① 浙江省发改委：《"十五"期间浙江城市化发展战略研究》，2004。

② 陈国权、李院林：《县域社会经济发展与府际关系的调整——以金华—义乌府际关系为个案研究》，《中国行政管理》2007 年第 2 期。

济、社会的一体化合作治理加以解决，但仅仅依靠县域之间的协商与沟通往往效率较低，需要发挥地级市跨区域整合资源和协调事务的优势。由于浙江省大多数地级市不具有驾驭县域的优势，造成协调区域公共事务的底气和能力不足，鉴于浙江省域面积不大，依靠省级政府协调县域的区域合作和资源共享问题具有很大的可行性。

第二节　中部省份：河南省的改革实践

河南省位于中国的中部，全省总面积为 16.7 万平方公里，辖 17 个地级市，一个计划单列市（济源市①）、106 个县（市），2016 年底总人口达到 1.07 亿。河南省是一个人口大省，也是一个县域大省，其中县域面积 15.11 万平方公里，占全省总面积的 90%，县域人口占全省的 76% 左右，县域经济总量占全省的 70% 左右。2016 年底的城镇化率为 48.5%，远低于全国 57.35% 的平均水平。② 河南省是一个农业大省，粮食总产量位居全国第二；河南省也是一个经济大省，2016 年河南省生产总值位居全国第五，但人均 GDP 仅排中部 8 省的第 5 位；河南省还是一个交通大省，"十二五"末全省铁路营运里程已突破 5000 公里，高速公路通车里程已超 6000 公里，连续多年位居全国前列。③

河南省是中部地区"省直管县"改革启动较早，也是目前改革推动力度最大的省份。2011 年启动的 10 个试点县同时从"财政省直管"向"行政省直管"过渡的改革，特别是 2014 年 1 月 1 日，河南省委、省政府宣布 10 个省份结束计划单列的改革过渡，实行全面的"行政省直管县"体制，在我国"省直管县"改革史上可以看作一次大的突破。全面直管体制下，

---

① 济源市在民政部的官方行政区划中仍属于县级市，但在河南省已实质享受地级市的行政级别待遇。
② 参见河南省统计网，http://www.ha.stats.gov.cn/sitesources/hntj/page_pc/tjfw/zxfb/article1c436c26b024460eb08177a6a1c6f7cd.html，最后访问日期：2017 年 3 月 1 日。
③ 参见河南省人民政府网，https://www.henan.gov.cn/2017/04 – 11/248859.html，最后访问日期：2017 年 4 月 11 日。

意料之中和意料之外的问题在河南省的 10 个试点县域纷至沓来,在学界引起了强烈关注,也给实践层面带来了巨大挑战。河南省进入改革最高阶段面临的问题一定也是大多数省份向高阶段推进所面临的问题。所以,将河南省作为典型案例分析,对河南省以至全国的"省直管县"改革向"行政省直管县"推进都具有重要意义。

一 河南省"省直管县"体制改革的背景与历程

县域经济是河南省经济发展的基石,河南省县域经济的发展对促进中原崛起和河南省城镇化、工业化、农业现代化"三化"协调发展具有特殊的作用和重要的功能,发展县域经济是河南省历届领导所极为重视的。

20 世纪 80 年代初期,以工业带动农业、城市带动农村、统筹城乡发展为初衷的"市管县"体制改革席卷全国,河南省也加入了这股潮流,期望县域经济能被"市"带动发展。但是,河南省本身不发达而且市少县多,城市不愿意也根本承载不了"带县"的功能,城乡二元格局的差距在河南表现得尤为突出。随后,河南省又融入了国家大力发展乡镇企业的潮流,希望能够创造激活县域经济的奇迹,不可否认这一时期涌现出一些像巩义市回郭镇这种优秀的民营乡镇企业,但遗憾的是,不是任何一个省份都像浙江一样具有培植乡镇企业的沃土,河南省大部分乡镇企业后续乏力,甚至如昙花一现,纷纷倒闭。20 世纪 80 年代末,河南的县域经济被东部甩了几个"街区"。河南县域经济发展既缺乏中心城市带动,又无现代农业支撑,想缩小与发达地区的差距,就必须解放思想、深化改革。1993年,以"18 罗汉闹中原"为起点,河南省启动了"省直管县"改革的历程。

河南省"省直管县"在"扩权"与"财政省直管"阶段的改革与其他省份的改革没有太大的区别,所以这一阶段的改革本书不做重点论述,但其从 2011 年开始进行的"行政省直管"改革走在了全国前列,无论是对中部地区还是对全国的"省直管县"改革都有重要的借鉴意义,这一阶段的改革也是本部分论述的重点。

河南"省直管县"的改革历程及内容如表 3-4 所示。

表 3 - 4　河南省 "省直管县" 体制改革历程和内容

模式	时间		涉及县域	主要内容	相关文件
强县扩权	1993		巩义、偃师、禹州等 18 个县	扩大县级审批权，县委书记、县长由省委组织部管理，县内投资项目直接报省里审批等	
扩权强县 + 财政省直管	2004—2010	2004	扩权 + 财政省直管：巩义市、项城市、永城市、固始县、邓州市	1. 建设项目管理、土地审批、证照发放方面等 80 项权限 2. 计划直接上报、财政接结算等 "九直接一扩大" 3. 省财政计划单列，财政结算与省财政直接办理等	1.《关于扩大部分县（市）管理权限的意见》（豫政〔2004〕32 号）2.《关于巩义等五县（市）财政管理问题的通知》（豫财办预〔2004〕161 号）
			扩权：新密市、新郑市、登封市等 30 县市	建设项目管理、土地审批、证照发放等 71 项经济管理权限	《关于发展壮大县域经济的若干意见》（豫发〔2004〕7 号）
		2006—2007	扩权：巩义等 5 县 + 中牟	省辖市享有的社会管理权限	1.《省委办公厅省政府办公厅关于发展壮大县域经济的补充意见》（豫办〔2006〕19 号）2.《河南省人民政府关于赋予中牟县省辖市级部分管理权限的通知》（豫政文〔2007〕88 号）
			财政省直管：中牟县	省财政计划单列，财政结算与省财政直接办理等	
			扩权：栾川、通许等 11 个县	71 项经济管理权限	1.《关于进一步落实扩权县（市）政策的通知》（豫政办〔2007〕108 号）
		2009	财政省直管 + 扩权：兰考、滑县、正阳等 15 个县	1. 同上述 6 个县的财政直管 2. 同省辖市的经济管理权限 3. 部分社会管理权限	1.《河南省人民政府关于完善省与市县财政体制的通知》（豫政〔2009〕32 号）2.《河南省财政厅、河南省国家税务局、河南省地方税务局、中国人民银行郑州中心支行关于新增省直管县预算管理问题的通知》（豫财办预〔2009〕159 号）

续表

模式	时间		涉及县域	主要内容	相关文件
行政省直管	2011—2014	2011—2013	省内单列：巩义等10县市	1. 下放603项经济社会管理权限 2. 行政、财政省直管	1.《河南省省直管县体制改革试点工作实施意见》（豫发〔2011〕7号） 2.《关于河南省深化省直管县体制机制改革实施意见的通知》（豫发〔2013〕12号）
		2014	全面省直管：巩义等10县市	1. 人事、行政、财政全部省直管 2. 省辖市享有的全部经济社会管理权限 3. 设立省第一、第二中级人民法院和省检察院一、二分院管理直管县司法业务	

资料来源：根据相关文件资料整理。

（一）"扩权" + "财政省直管"阶段（1993—2009年）

1993年，河南省委、省政府果断决定在县域经济排名靠前的巩义、偃师、禹州等18个县试点实施"强县扩权"改革，自此，以"18罗汉闹中原"拉开了河南省"省直管县"改革的序幕。第一次试水的"扩权"改革，产生了明显的示范效应，之后，在河南省委、省政府的积极推动下，河南省又历经多轮"扩权"改革、"财政省直管县"改革。截止到2009年，全省财政省直管县达到16个，扩权县有47个。

"扩权强县"和"财政省直管县"的实施，赋予了县级政府更多的发展本县经济和管理社会事务的权限，成效显著，激发了全省县域经济的发展活力，河南省县域经济异军突起，县级财政困难状况有了较大程度的缓解。在这一改革阶段，呈现出众多不同特色的县域经济发展模式，例如，以巩义、沁阳为代表的工业强县型经济，以荥阳市、伊川县等为代表的开放带动型经济，以禹州、长垣为代表的产业集聚型经济，以新县、固始为代表的劳务型经济，以鄢陵、尉氏为代表的农业产业化推动型经济。这些经济类型形成了不同特色的产业带，这些具有鲜明特色的产业群，即便放在全国的产业格局中也有着举足轻重的地位。截止到2009年，河南已有巩义、偃师、新郑、荥阳、新密、禹州、登封、永城8个县（市）入围全国经济百强县；财政收入超过5亿元的县达到28个，超过10亿元的县达到11个（包括济源市），数量位于中部地区首位，充分展示了"省直管县"

改革的意义。这一阶段的改革，最典型的两个成就就是培育了全国百强县巩义市和计划单列济源市，特别是济源市"省直管"的经验值得借鉴。

（二）"行政省直管县"改革阶段（2011 年至今）

如果说发展县域经济、解决县乡财政困难的紧迫性是"扩权"改革和"财政省直管县"改革的主要目标，那 2010 年以来的河南省"省直管县"改革则瞄向了更高更远的目标：通过统筹城乡协调发展实现中原崛起。

2010 年，中央编办下发《关于开展省直管县体制改革试点的通知》（中央编办发〔2010〕100 号），确定河北、河南、黑龙江、湖北、江苏、安徽、云南、宁夏 8 省区 30 个县作为中央编办推进"省直管县"体制改革的第一批试点。通知要求试点省份按照权责统一、财权与事权相匹配的原则，扩大县级政府管理县域经济、社会事务的权限，加快转变地方政府职能，减少地方政府行政层级，激发县域发展活力，培育新的经济增长点，促进县域经济、社会快速发展。从试点省份的选择上可以看出，本轮改革推进的重点集中在中部地区；从通知的要求上可以看出，目标是把"省直管县"体制改革推进到"行政省直管县"的纵深阶段。

与中央多次鼓励有条件的省份积极探索"省直管县"改革的文件指示相呼应，河南省委、省政府认为试点改革是壮大县域经济、统筹城乡发展、实现中原崛起的重要契机，高度重视这次省直管县试点工作，把巩义、兰考、永城、汝州、固始、长垣、邓州、鹿邑、滑县、新蔡 10 个县（市）的"行政省直管县"体制试点改革列为 2010 年河南省政府的重点改革工程并迅速提上议事日程，加大了对改革的支持和推进力度，力争把试点打造为改革的先行者、统筹城乡的示范区、新型城镇化建设的排头兵。2011 年 5 月底，河南省要求省直各部门及 10 个试点县完成改革的配套措施和方案制定、报批工作。6 月 1 日起，试点县开始按照"行政省直管县"管理体制运行。由此可见，领导者的政策偏好对一项改革的推进具有非常重要的作用。

通过对湖北、安徽等兄弟省份"行政省直管"改革模式选择的比较分析，河南省委、省政府认为作为一个面积较大的辖县大省，目前直接进行全面直管的条件还不成熟，再加上这次试点县个数较多，强行全面直管改革风险较大。因此，本着积极稳妥、循序渐进的原则，河南省决定分两个阶段推进"行政省直管县"体制改革：第一阶段为过渡阶段，选择较为保守的政府先行直管的"省内单列"改革模式，认真探索和积累"行政省直管"的经验，计划用2—3年的时间完成过渡；第二阶段为推行全面"行政省直管"阶段，对试点县实行真正意义上的市、县并立的省全面直接管理县的体制。

1. 过渡阶段的"省内单列"模式（2011—2013年）

A. 省内单列模式的主要内容。河南省采取"省内单列"模式对10个试点县进行"行政省直管"改革的主要内容可以概括为四个方面。

其一，试点县政府享有与地级市相同的经济社会管理权限，省级政府按照单列模式管理试点县的经济社会发展事务，试点县政府工作由省级政府直接领导；试点县的行政区划和行政建制维持不变，党委和人大、政协体制及干部管理、司法体制，社会维稳权限与责任维持现状；由市管理的垂直部门直接交由省管理，其他暂且不变。

其二，10个试点县的财政全部单列，由省财政直管。省级财政要通过转移支付等方式加大对试点县的支持力度，使试点县有较多的财力提供县域基本公共服务；省、市、县的事权范围划分明确，按事权和财权相统一的原则保证支出责任。这里还要特别说明两个问题。第一，财政体制调整后，地级市须继续承担原来由其承担的对试点县的配套资金；国家和省新出台的政策要求地级市对试点县承担配套责任的资金，由省财政代为承担。第二，为了减少对市级财政的冲击，对原所属地级市财政收入贡献较大的县直管后，本着既维护既得利益又尊重以往历史的原则，根据地级市的承受能力，决定由省财政核清损失数额后，给地级市适当的财力补助。

其三，关于统计报送和指标分配问题。在统计报送方面，总的原则是直管县直报省，抄送所属地级市，并计入原所属地级市的总量；省政府及所属部门对直管县单独下达经济社会发展指标。考核问题根据实际情况有所不同，有的由省、市两级双重考核，有的由省直接考核。

其四，关于规划报批问题。直管县涉及市、县区域统筹的重大规划，如生态环境规划、综合交通体系规划、水网建设规划等，为避免人为分割对区域整体发展布局造成影响，直管县将这些重大规划直接上报省备案、审批、核准时，也必须同时报送到原所属地级市，如果地级市有意见，将由省有关部门出面协调。

B. "省内单列" 模式评价。"省内单列" 模式的 "行政省直管县" 体制改革自 2011 年 6 月 1 日起，至 2013 年 12 月 31 日试点结束，一共运行了两年半的时间。试点工作运行基本平稳，改革成效也初步显现出来。其成效主要体现在以下几个方面。第一，试点的选择多样化，体现了科学性和前瞻性，为改革在全省范围内不同县域的展开和推进积累了经验并奠定了基础。第二，赋权内容丰富、彻底，凡是法律、法规、规章、政策限定的设区市所享有的经济社会管理权限，试点县都可以享有。本阶段改革共向试点县政府下放 603 项经济社会管理权限，提升了试点县的地位，增强了试点县的发展活力。各试点县紧紧抓住机遇，调整发展规划，加大招商引资和项目带动力度，承接产业转移，加强基础设施建设，加快城乡统筹协调发展，有力地促进了试点县经济社会发展。第三，试点县政府机构部门的工作直接与省相关部门对接，建立直连直通的工作渠道，初步形成了省直接领导试点县经济社会发展事务的管理体制和运行机制。试点县直接接收省委、省政府的政策和指示，直接领会上级文件精神，提高了试点县对本地经济社会发展事务的决策能力和社会管理服务水平。省直各部门的业务工作直接安排部署到试点县，减少了行政层级，简化了办事环节，提高了工作效率。第四，省直各部门结合本部门工作实际，在资金分配、项目安排、计划下达、相关改革试点布局等方面加大了对试点县的扶持力度，中央和省里的各种项目资金及财政转移支付、财政补贴、专项补助资金等直接拨付到县，增强了试点县的财力，提高了试点县自身发展的能力。

"省内单列" 的改革模式属于过渡性质的 "行政省直管" 模式，这种保守型的改革模式虽然有利于平衡改革与稳定的关系，但也因为省、市、县权责划分的不彻底、行政权力等级的不协调，在实践中产生了诸多问题。"省内单列" 模式增加了直管县工作的难度，折损了改革的成效。"省内单列" 改革模式不改变试点县的行政建制和行政区划，试点县的财政和政府工作由省直接领导和管理，党委、人大、政协、法院、检察院体制以及干部管理、社会维稳管理维持现状，使省、市、县之间的关系变得比以前更加复杂，原所属地级市对试点县 "管也不是，不管也不是"，试点县对原所属地级市"听也不是，不听也不是"。试点县党委仍然向所属地级市报告工作，面对两个"婆婆"，容易造成新的矛盾和摩擦，增加了试点县的工作难度和所属市的尴尬程度；人大、政协体制未做同步调整，影响了人大代表和政协委员权力、职能的发挥；司法体制维持现状影响了试点县司法工作的效率。直管后，试点县不再向原所属市"纳贡"，原所属市也不再"庇护"直管县，甚至还把直管县作为竞争对手"暗中伤害"。资金项目不再向试点县倾斜，评优也不再推荐试点县，即使省里出台鼓励所属市扶持试点县的奖励政策，也收效甚微；地级市除了书记、市长外，其他领导一般不再过问县里的事情。试点县干部仍由省辖市管理，导致了试点县干部晋升被边缘化。在同等条件下，省辖市一般不再推荐提拔试点县的干部，试点县干部交流渠道变窄、机会减少，干部管理"两张皮"，管人管事不统一，遏制了干部工作的积极性。"省内单列"模式下扯皮的市、县关系在很大程度上折损了改革的效率，也容易降低社会对改革的认同感和支持度，时间久了，干部则易患上"改革疲劳症"。

2. 全面"行政省直管县"改革（2014年至今）

截止到2013年，"省内单列"的过渡模式已经持续了两年半，通过对过渡阶段取得的成效和产生的问题进行认真分析，河南省委、省政府认识到政府先行、其他体制不变的"省内单列"模式体现出来的多头管理、权责不清、指挥不畅、监督缺位等问题，时间久了将对改革产生很大的负面作用，甚至导致改革的失败。在两年半的时间里考虑到县级政府各部门已逐渐适应了与省直接对接的工作要求，对下放权限的认识与履行也越来越到位，实行全面"行政省直管"的条件已基本满足。结合济源5年来完成行政直管的经验，河南省委认为必须适时完成过渡，全面实行省直管县。2013年11月26日，河南省印发了《河南省深化省直管县体制改革实施意见》（豫发〔2013〕12号），决定从2014年1月1日起对巩义市等10个试点县实行全面"行政省直管县"体制。

《河南省深化省直管县体制改革的实施意见》的主要内容为以下几点。第一，领导体制调整方面，直管县党委直接由省委领导，人大、政协工作直接接受省人大、政协的指导和监督，群团组织直接接受省级群团组织领导或指导。第二，人事管理调整方面，党委、政府、政协、人大四大领导班子的正职干部由省委直接管理，非正职副县级以上干部由省委委托省委组织部管理，其他干部由县级自行管理，原来由地级市相关部门领导或协管的双重领导单位的干部调整为省级部门主管或协管。第三，司法体制调整方面，设立省第一中级人民法院和省检察院第一分院，分管巩义市、汝州市、永城市、固始县、邓州市、鹿邑县和新蔡县的司法业务；把济源市人民法院和济源市检察院分别更名为省第二中级人民法院和省检察院第二分院，分管济源市、滑县、长垣县、兰考县的司法业务。

河南省委、省政府在 2013 年的政府工作报告中就明确指出，要把省直管县（市）打造成 50 万人口以上的区域副中心城市。由此可见，10 个直管县是河南省委、省政府精心培育的揳入县域的战略支撑点和经济增长极。全面直管后，河南省委省政府针对直管县确立了一整套制度安排，如在省和县分别设立省直管县工作领导小组和省直管县工作办公室来专门协调和督导省县工作对接，并建立了"省直管县"工作联席会议制度。2014年，河南省人民政府办公厅下发《推进省直管试点县（市）经济社会加快发展的意见》（豫政办〔2014〕98 号），从鼓励支持改革创新、大力扶持产业发展、着力做优现代农业、加快推进新型城镇化、切实加大财政支持力度、积极创新金融服务、强化发展要素保障、其他支持政策八个方面提出加快推进直管县经济社会发展的意见；同时下发了《河南省省直管试点县（市）经济社会发展考核评价办法》（豫直改〔2014〕4 号），按照总量考核与增速考核相结合、以增速为主的原则，对 10 个省直管县的经济社会发展进行考核，调动了直管县加快发展的积极性，推动直管县成为体制改革的先行者、统筹城乡的示范区、科学发展的排头兵。

（三）"行政省直管县"的成功典型：济源市改革

济源素有"豫西北门户"之称，位居河南洛阳、焦作及山西晋城、运城四市的中间地带，是沟通晋豫两省的重要交通枢纽和物流集散地。济源全市面积 1931 平方公里，人口 70.3 万①，是朝气蓬勃的工业城市。济源

---

① 人口与城镇化率数据为 2017 年《河南省统计年鉴》统计数据。

钢铁、豫光金铅均为中国企业和制造业 500 强，销售收入都超了百亿元；以虎岭、玉川和高新技术为依托形成了规划面积为 23.7 平方公里的产业集聚区，建成区初具规模，已达 14.9 平方公里。2005 年，济源市被列为河南省城乡一体化试点城市。

1988 年济源市撤县建市，开始实行计划单列。1993 年，包括济源在内的 18 个县（市）被省委、省政府批准试点"扩权"，形成了河南经济发展史上有名的"十八罗汉闹中原"的生动局面。从此，济源经济、社会实现了快速发展，遥遥走在全省县域的前列。扩权后的济源市虽然拥有了一大部分经济社会发展的自主权，但因为行政上隶属于焦作市没有改变，济源市的经济发展难免受到市级的制约和束缚，从而使改革"迈不开步子，甩不开膀子"。面对这种状况，济源市政府敏锐地察觉到，如不改革与焦作市的行政隶属关系，时间越长，济源市与焦作市的矛盾积累就越多，即使扩权再多，济源市的经济发展也会阻力重重。为进一步推动济源的发展，1997 年，经济源市市委、市政府申请，国务院批准，河南省委、省政府同意济源脱离焦作，作为省直管县（市）享受与地级市完全相同的经济、社会管理权限，同时对济源市干部予以整体高配。这些政策等同于济源市全面实施了"行政省直管县"体制。

济源市的"省直管县"改革是河南省进行的最早、取得成效最好的改革试点，其特点可以概括为利益分配合理、产权分割彻底、改革一步到位、成效一目了然。"省直管县"改革的最大难题之一就是市与县的利益分配。济源市的改革遵循属地管理原则，凡是济源市境内的企业，全部划给济源市，跨县域的关系到民生的工程，维持现有体制不变，利益划分较为顺利，体现了市级政府的宽广胸怀和高风亮节。市与县的产权、债权分割一次性划清，不留任何后遗症，干净彻底。济源市的改革用时不到五年，却促进了济源经济的飞跃式发展，很大程度上归功于一步到位的"行政省直管"，省去了中间漫长的"摸石头"时间，也避免了诸多省直管县改革常见的阻力和问题。直管后从当年的"小罗汉"变成如今的"大罗汉"：经济规模已经达到鹤壁市的水平，各项指标远高于全省平均水平；2016 年人均 GDP 超过 7 万元，城镇化率近 60%，均稳居全省第二；济源

市的城乡一体化发展也成为河南省的典范，2015 年，城乡收入比缩小到
1.83：1，乡镇实力明显增强，全市多个镇财政收入超亿元；全市 11 个镇
均通高速路，455 个行政村均通硬化路和自来水，农村居民生产生活条件
得到显著改善。

"扩权"改革和"财政省直管"改革由于行政权和财政权不统一，使
改革出现了一系列难题，如地级市由于利益受损而阻挠改革，"扩权"政
策与国家层面的体制及法律、法规不适应，权力难以真正下放；经济强县
的财权和事权不匹配，基层财政压力大；土地、工商、税务等垂直管理部
门在扩权政策中定位模糊；扩权后省级政府管理半径增加，难以有效监督
县级政府权力运行等。其中，最为严重的问题是"财政省管、行政市管"
并行的体制给直管县带来的尴尬与无奈，面对省、市"两个婆婆"的扯
皮，县级政府的行政效率在诸多情况下不升反降，制约了"扩权"与"财
政省直管"效能的发挥，使改革的成效大打折扣。

二 河南省"省直管县"体制改革的成效、经验与问题

(一) 河南省改革的成效分析

河南省试点县全面直管 3 年来，取得的成效不可能像浙江省改革那样
"鲜艳"地呈现在人们面前，一方面是因为改革的时间太短，而改革成效
的发挥是需要一个过程的；另一方面是因为全面省直管后，许多政策还没
落实或调整到位，改革的制度设计还处在一个完善的过程中，也就是策划
的制度框架已经成形，不过还没有建好。但还是有一些成效显现出来，主
要表现在以下几个方面。

1. 县级政府的办事效率明显提高、办事能力明显增强

省与县直接对接，少了一级政府就少了一道审批手续，公文旅行的路
程缩短，审批工作日的数量就会急剧下降。另外，诸多权力下放到县，不
用跑路就地审批，效率明显提高。例如，笔者在巩义市调研时，一位公务
人员说原来一个项目经过市到省审批，再返回市复审，最后回到县要历时
半年，而直管后 20 天就能完成所有流程。某直管县的公务员说直管后办事
的时间至少缩短一半，效率明显提高。省与县对接，对公务员的素质要求

较高，一开始县级的公务人员非常不适应，甚至有些胆怯，但经过直管后两年多的锻炼，其业务能力明显增强，还养成了办事利索不拖沓的好习惯，平时也有了为自己充电的动力，因为工作已经从"上面让怎么做就怎么做"转变为"上面说了自己想办法做"。"省直管县"体制在潜移默化中引领了政府职能的转型。

2. 县域政府掌握了决策的自主权，决策更加自主、切实、科学

直管后，除了国家规定不能下放的十几项权力之外，等同于地级市的603项社会经济管理权限全部下放并落实到县，其中包括70%的原来属于省市的审批权。县域政府的手脚被松绑，可以切实根据县域的实际情况和居民的偏好进行决策，还可以很快地落实好的政策。权力和责任具有对等性，获得更多的权力后，县域政府变得更加务实，发展县域的责任心更强，发展的思路更加清晰、决策也更科学。

3. 县域可支配的财政资源增多，基础设施明显改善

直管后，一方面县域不用再向市级政府缴纳"管理费"，另一方面国家或省财政下发到县域的资金也不会再被市级截留，使县级可支配的财政资源增多；同时，直管后省级加大了对直管县、特别是贫困直管县、农业直管县的转移支付和资金支持力度，一部分社会基本公共服务的统筹权上移到省，这样就在增加下拨的同时减轻了支付压力，也就把更多的财政资源留给了县域，增强了县域的基础设施建设和公共服务提供的财力支撑。例如，河南省某直管农业大县兼国家级贫困县一年的财政收入为6亿元，财政支出却达到40亿元，30多亿元的资金靠省以上转移支付获得，这个县的公共基础设施配置得到了非常明显的改善。另外，县直管后，缩小了与省级政府的权力距离，省级政府在考虑项目布局时，把越来越多的项目给了县，县域就拥有了更多的发展机会和财政来源。例如，某一个县直管后一年内获得了省以上政府划拨的260多个项目，获取项目资金15亿元。

4. 县域的吸引力和承载力明显增强

直管后，县得到了更多的资源来提高并改善县域的基础设施条件和生活环境，提升、强化了县域的品位和对优质资源的承载力，对外来资本的吸引力明显增大，为农业的工业化、农村的城镇化创造了条件。

（二）河南省改革的经验借鉴

2014年1月1日，河南省委、省政府宣布10个试点县全部实行全面"行政省直管"，在全国范围内可谓目前实施"省直管县"改革力度最大的省份。河南省经历了"扩权""财政省直管""计划单列""行政省直管"等所有模式的"省直管县"改革，积累了不少改革经验，亦区别于其他省份，其改革的亮点主要体现在以下几个方面。

1. "行政省直管县"改革试点选择的多样性

河南省突破了一般以经济强县为试点和学者论述的多个基础条件为限制的经验做法，在"行政省直管县"试点的选择上做了深入、长远的战略性思考，其选择思路主要体现在两个方面。

A. 实验的可靠性与公平性。考虑到试点县的选择决定了改革成效的检验及改革的走向，试点县的选择要便于比较改革的体制因素对县域经济社会发展的影响程度，尽可能降低县域特殊条件的影响，避免由于改革政策红利的影响造成"强县更强、弱县更弱"的逆统筹城乡发展的结果。从此思路出发，试点县既有经济百强县如巩义市、永城市，又有国家级贫困县如新蔡、兰考，既有农业大县[1]如滑县、固始，又有工业强县如汝州、长垣。各试点县类型如表3-5所示。

表3-5　河南省10个试点县（市）类型

县（市）	农业大县	工业强县	各级百强县	国家扶贫重点县	百万人口大县	平原县	山区县	丘陵县	省际交界县
巩义		√	√					√	
兰考				√		√			√
汝州		√	√					√	
滑县	√			√	√	√			
长垣		√	√			√			√

---

① 农业大县指《中国县（市）社会经济统计年鉴》中的粮食大县或一产增加值占GDP比重超过30%的县；工业强县指第二产业增加值排名前五位且二产占GDP比重超过50%的县；各级百强县为全国以及中部、西部地区百强县（市）；国家扶贫重点县、平原县、山区县、丘陵县、边境县、民族县名单来自《中国县（市）社会经济统计年鉴》。

续表

县（市）	农业大县	工业强县	各级百强县	国家扶贫重点县	百万人口大县	平原县	山区县	丘陵县	省际交界县
邓州	√		√		√	√			√
永城		√			√	√			√
固始	√		√		√			√	
鹿邑						√			√
新蔡				√	√	√			√

资料来源：通过相关资料整理。

B. 打造统筹城乡发展的示范区和区域经济发展新的增长极和支撑点。以此为战略目标，2010 年河南省政府上报国务院批准的试点县，优先从具有产业支撑、资源优势、区位优势的经济强县（市）中选择，做大做强使其成为新的区域中心城市，如巩义市和永城市；优先从辖县大市中远离中心城市、处于行政区边界交汇处、人口或地域规模较大、产业基础较好、有实力形成区域经济增长极和支撑点的县（市）中选择，如固始县、滑县、邓州市等。这样，通过推动"省直管县"改革试点培育一批新的中心城市和县域经济发展的战略支撑点，在全省形成多点带面的促进城乡协调发展的新格局，为中原崛起提供强力支撑。

2. 试点县路径选择的"一刀切"及"济源模式"的经验借鉴

河南省 10 个试点县同时全面省直管曾受到一些学者的反对，认为这些试点县经济社会发展水平参差不齐，同时直管恐怕省级层面难以承受、县级层面也难以对付。试点县"行政省直管"后，河南省专门在省级层面成立了直管县工作委员会，下挂在河南省编办管理，专门负责协调省与直管县的工作对接问题。在县级层面，随着基层公务员素质越来越高、现代化的办公手段和技术越来越先进、交通越来越便利，县级政府各部门一般在一两年内就适应了直接对接省的工作。所以，"一刀切"的模式并没有产生"省级管不过来、县级应付不了"的情况，反而增强了直管县的工作动力，这些"平等待遇"对直管县，特别是较弱的县具有较强的激励作用，强化了他们的自信心。如果改革模式分个三六九等，无疑是与鉴于公平理念的"统筹城乡发展"的改革目标相违背的，实践者在心理上就会产生一定的自卑和抵制。

河南省在2011年6月份启动"行政省直管县"改革后，首先采取了"省内单列"的过渡模式，这种政府先行的"单列"模式与"全面省直管"的区别就在于人事权仍保留"市管县"的体制。实际上，"省内单列"模式与"扩权"＋"财政省直管"模式没有太大差别，至多是行政权力下放得更多一些而已。在中国的集权体制下，人事权的重要性远远超过行政权，因为对一些地方官员来说，职位的晋升远比经济的发展重要。"省内单列"的过渡阶段已经给了所辖市单列状态的直管县早晚要独立出去的信号，所以，在官员晋升与考核、项目投资、资源共享等各个方面开始排挤、刁难直管县，这个时期的直管县是"后娘的孩子遭人嫌"的最艰难的阶段，严重挫伤了直管县改革的积极性。针对这种状况，河南省委、省政府意识到如此持续下去的话，只能增加改革的负面效果，于是借鉴济源市5年内（中央规定的过渡时间为3—5年）实现全面省直管的经验，在过渡两年半后果断宣布实行"全面直管"，把试点县送上了完全意义上的"行政省直管县"征程，避免了改革负作用的蔓延。

（三）河南省改革的问题与启示

与成效的缓慢释放不同，河南省"全面直管"的体制刚运行不久，各种问题就纷至沓来，有预料之中的也有意料之外的。在这些问题中，关键问题解决好了，非关键问题便会迎刃而解，关键问题如果解决不好，可能会直接导致改革的失败。一项改革，解决的问题越多，产生的难题就越多，作为改革的实践者和理论界的研究者必须客观地正视这些问题，既不能轻视问题，也不能被问题吓倒。河南省"行政省直管县"改革暴露出来的问题主要有以下几个方面。

1. 直管县干部交流与晋升问题

直管后，"直管县"与原所辖市及其他县之间已经不再存在"父母兄弟"关系，变成了相对孤立的个体，所以其领导干部已经抽离了原所辖市进行交流或晋升的圈层，同时又融不进其他的干部交流圈，所以直管县的干部对外交流的渠道被堵死，内部交流又没有晋升空间，直管县的干部流动几乎成为死水一潭。直管县的领导干部是改革的实践者，是左右"直管县"发展的最重要的内生动力。对官员来说,职业生命中最重要的就是晋升,目前的"全面直管"体制阻塞了直管县干部交流的旧渠道,却没有打开交流的新渠道,势必严重影响干部的工作积极性,影响改革成效的发挥。因此,必须尽快出台直管县干部的交流体制,开辟直管县干部交流的新渠道。

2. 财权划分与财政资源分配问题

地方政府间的关系主要包括三个方面:财权、事权和人事权。财权划分是依据事权的划分而定的,财权和事权要匹配。1994 年的分税制改革只解决了中央与省的财权分配关系,并没有解决省以下各政府层级间的财权划分关系,这就使我国省以下政府间财权、事权划分的随意性和不匹配性较大。目前的"行政省直管县"改革把更多的事权下移到县,财权却没有随之下移,"财政省直管"只不过是改变了财权的分配链条而已。"省直管县"体制下,县域政府管理的事务越来越多,如果县域地方税留成的比例和一般性转移支付的比例不增加,也没有财政资源下移相支撑,县域政府就无法履行下放的政府职能。另外,诸多外溢性较强的公共物品与公共服务的提供,如教育、社会保障、公共卫生、环境保护以及跨境流域与道路交通管理,统筹权没有及时上移,导致县乡财政不堪重负。例如,2014 年某试点县社保局养老保障中心的职工竟然几个月没发工资,原因是直管后,原所辖市所承担的弥补养老金缺口的 20% 取消了,而国家政策又不准拖欠任何退休职工的养老金,只有暂时将其管理部门在岗职工的工资填充缓解。省直管后,对试点县的规格要求提高,县城的城市框架要拉大,城市的基础设施和城市服务体系要完善,这一切都使直管县面临较大压力。

3. 区域协作与公共资源共享问题

独立与协作是现代区域治理体系中并行不悖的两个趋势。无论是"省管县"体制还是"市管县"体制,区域之间在保持独立自主权的前提下,越来越多地进行合作是关系发展的必然趋势。但是在目前政府职能转变不到位,"政治锦标赛"下零和博弈的理念没有"退市"的情况下,区域间的协作显得比较困难。直管后,地级市政府狭隘的"行政区经济"发展观导致"市、县争利"和"市孤立县"。市、县平等分治是发达国家地方政府层级划分与地方治理格局的惯例,而我国实施 30 余年的"市管县"体制使地级市"统治和领导县"的思想根深蒂固,地级市认为自己与所辖县的关系就是"归我统治、给我进贡、受我保护"的"父子"关系。地级市政府是"省直管县"体制改革最主要的反对力量,即使是对于"进贡"能力差、"保护"负担重的弱县,地级市一般也不想让其从自己的地盘上划走。而对于"进贡"能力强的县,地级市更是采取强县领导进常委、优先提拔强县干部等手段将其极力保护在自己的"羽翼"下,甚至采取"撤县设区"等手段抢先一步确定对强县的"所有权"。一旦强县被强行直管,地级市因失去对县的领导和控制权而无法再"刮县",因此也不愿意再帮县、带县,甚至把县作为竞争对手,利用残存的权力压县、卡县、孤立县,导致长期"市管县"体制形成的市、县资源共享机制和合作帮带关系破裂。如质检、特种设备检测、环境监测、公安系统警力互调、大数据与技术服务平台的共享、市级法院作为县级法院的二审机构、市级检察院不再有义务接受县检察院移交的重大刑事案件等,这些共享机制随着市与县关系的改变也随之破裂。试点县若不能继续共享原所辖市的公共技术与服务平台,自己重建的成本将非常高。某试点县的一位领导初步测算,若全部新建这些技术服务平台,大概要建设 30 个平台,所需费用在 4000 万左右,仅公安系统平台就需要 3000 万,这对于县财政是非常大的压力。

"直管县"干部晋升被边缘化、直管县考核名次垫底、司法问题处置上怠慢直管县等问题说明了并立后的市、县之间缺乏合作,甚至走向了对立面。地级市政府在处理与直管县关系时,如果不能克服"行政区经济"的狭隘发展观,实现上下级之间"统治型管理"向平等主体间"合作治理"的观念转变,则"省直管县"体制不但不能克服"市管县"体制的弊端,还会加剧市、县之间的矛盾,使市、县发展两败俱伤。值得欣慰的是,河南省已经在着手解决资源共享的问题,如已经向国务院报批河南省中级人民法院一分院、二分院和河南省检察院一分院、二分院,解决 10 个直管县的司法资源共享问题。

全面直管后,虽然河南省的"行政省直管县"改革面临着更多的问题,但这些问题不同于"省内单列"阶段的问题。省内单列的问题是制度阶段性"畸形"造成的，是可以通过矫正制度解决的，而直管后面临的问题是改革中一定出现的，是要革新的东西。"省直管县"改革正是在解决这些问题的过程中形成新的体制来达到改革的目的，所以，尽管这些问题困难，却要求实践者迎难而上，这是改革的核心内容。

改革的攻坚时期也就是最难的问题出现的时期，如果面对困难失去了解决困难的勇气和推进改革的决心，改革就会进入停滞期甚至出现倒退。目前，全国有 1037 个县进行了"财政省直管县"改革，而向"行政省直管县"改革推进的只有 49 个县。由此可见，"行政省直管县"改革才是"省直管县"改革的硬骨头，只有在这个阶段把"硬骨头"消灭掉，才能使"省直管县"体制的能量发挥出来，这不但需要改革者的智慧，还需要改革者的勇气。

第三节 西部省份：贵州省的改革实践

按照经济带划分，我国的西部包括四川、重庆、陕西、广西、贵州、云南、甘肃、宁夏、内蒙古、新疆、青海、西藏 12 个省份。新疆维吾尔自治区和西藏自治区至今还没有进行任何模式的"省直管县"体制改革①；重庆市在 1997 年成立直辖市时就确定实行省管县体制，并且在两年过渡期内完成了全面省直管县（市），因此，尽管重庆市实行的是省直管县体制，其直管的经验可以供其他省份借鉴，但严格来说，其不属于进行"省直管县"体制改革的省份。除了上述三个省份外，其余的 9 个省份都启动了不同路径、不同模式、不同程度的"省直管县"体制改革。在这 9 个省份中，除了内蒙古自治区之外的 8 个省份都进行了"财政省直管县"体制改革。其中，宁夏回族自治区、广西壮族自治区和甘肃省已经在全省（区）范围内实行了"财政省直管县"体制。西部省份中，改革推进程度最深的是陕西省和贵州省，已经开始试点"行政省直管县"体制改革，特别是贵

---

① 新疆的石河子市、阿拉尔市、图木舒克市、五家渠市、北屯市、铁门关市、双河市等 7 个县级市成立时即为自治区直接管辖，所以不属于"市管县"体制向"省管县"体制改革的范畴。

州省委、省政府推动改革的意愿特别强烈，主动要求被纳入国家改革试点范围，积极列席了中央编办 2012 年在仙桃召开的省直管县试点工作会议，认真学习各试点省份的经验，并在 2013 年 7 月确定仁怀市、威宁县等 5 个县（市）试点"行政省直管县"体制改革，有意争当西部省份"省直管县"体制改革的"示范者"和"排头兵"。因此，本书以贵州省为典型案例对西部省份"省直管县"体制改革推进进行探讨。

贵州省地处我国大陆的西南部，全省总面积 17.61 万平方公里，92.5%的面积属于山地和丘陵。贵州省辖 9 个地级行政单位，共 75 个县级（市或特区）单位。截止到 2014 年，贵州省共有常住人口 3508.04 万，人口城镇化率 40%，远低于全国平均水平 53.7%。贵州省是我国多民族聚居的主要省份之一，全省共有 48 个少数民族成分，占全省人口总数 38%的少数民族自治地区面积占全省总面积的 55.5%。

贵州省属于我国经济比较落后的西部地区省份，有 50 个县是国家贫困县，人均 GDP 多年连续居全国末位；贵州省每年超过一半的财政收入依靠中央各种补贴和转移支付完成；贵州省城镇、农村居民人均可支配收入都排在全国后几位，2016 年城乡人均可支配收入比为 3.31，全国最高，远超过全国 2.72 的平均水平。[①] 值得关注的是，尽管贵州省的经济水平在全国甚至西部地区居于靠后位置，但是近年来，其主要经济指标的增速却位于全国前列，具体情况如表 3-6 所示。

表 3-6 贵州省 2014 年经济指标相比 2013 年增速及在 31 个省份中排名

	GDP 增速	城镇居民人均可支配收入	农村居民人均可支配收入	固定资产投资
增速	10.8%	9.6%	13.1%	23.6%
增速排名	2	4	1	1

资料来源：贵州省 2015 年《政府工作报告》。

虽然贵州省的县域经济近几年发展较快，但是我们必须清醒地认识到其与国家政策的大力扶持高度相关，这种"输血"式的扶持并不具有可持

[①] 经济指标数据源于全国 31 个省份统计数据汇总整理和贵州省 2017 年《政府工作报告》。

续性。贵州省必须在国家政策的扶持下,积极改革,探索依靠自身的"造血"式的经济发展道路。

一 贵州省"省直管县"体制改革的背景与历程

贵州省省域面积 17.61 万平方千米,与中部地区省份的面积相当,远低于新疆、青海、内蒙古、云南等省域,是西部地区除重庆和宁夏之外的面积最小的省份。贵州省以贵阳为中心的铁路、公路、航空等交通设施在西部地区属于较为发达的省份,贵州省省会贵阳基本处于贵州省中部,各市县都处于以贵阳为中心,以 300 公里为半径的交通圈内,这使贵州省具备了"省直管县"体制的地理条件。

贵州省仅有 6 个地级市和 3 个地级自治州,却辖有除市辖区之外的 75 个县级单位,每个地级单位平均辖县 8.2 个,而且越是贫困的地区辖县数量越多,50 多个县均为国家级贫困县。贵州省的地级市中,除了贵阳市和六盘水市的经济发展水平相对较高,一定程度上能够发挥增长极的作用,其他地级市的经济都不发达,不但没有能力成为增长极带动所辖县的发展,甚至会反过来汲取所辖县的资源。从理论上来说,贵州省"市弱县弱、市县关联度低"的市县关系模式比较适合实行"省直管县"体制,这样既可以使城市摆脱包袱,专注于自身的发展壮大,成为真正的区域经济发展的增长极,又便于省级政府统筹优势互补、相互促进的市、县协同发展。贵州省 2014 年地级行政单位经济发展水平及辖县个数如表 3 - 7 所示。

表 3 - 7　2014 年贵州省地级行政单位经济发展水平及辖县个数

地级市(自治州)	GDP(亿元)	人均 GDP(元)	辖自治县数	辖县总数
贵阳市	2497.27	55226	0	4
六盘水市	1042.73	36275	0	2 + 1*
遵义市	1874.50	30516	2	12
黔南自治州	795.50	24590	1	12
黔西南自治州	667.86	23664	0	8

续表

地级市（自治州）	GDP（亿元）	人均 GDP（元）	辖自治县数	辖县总数
安顺市	516.26	22441	3	5
铜仁市	647.70	20866	4	8
黔东南自治州	700.76	20117	0	16
毕节市	1265.20	19350	1	7
全省	9251.02	26416	11	74 + 1*
全国	636463	46531	–	–

注：1*代表县级特区的数量。
资料来源：《贵州省统计年鉴》（2015）。

　　尽管从 1995 年起，贵州省委、省政府已经不间断地出台了一系列扩充县级政府权限、促进县域经济发展的政策，但启动真正意义上的"省直管县"体制改革却是在 2009 年 6 月 22 日。财政部发布《关于推进省直管县财政改革的意见》（财预〔2009〕78 号）之后，为了响应"2012 年底前，力争全国除民族自治地区外全面推进省直管县财政体制改革"的目标要求，贵州省政府办公厅在 2009 年 10 月 9 日转发了省财政厅《关于实行省直接管理县财政改革的意见》（黔府办〔2009〕95 号），并决定自 2010 年起，在盘县等 31 个县（市、区）试点"财政省直管县"体制改革。由此可见，贵州省"省直管县"体制改革的真正启动是中央上级政策推动的结果，而 2012 年贵州省进一步扩大县级政府权限和"财政省直管县"试点的范围，2013 年进一步推进"省直管县"体制改革，开始试点"行政省直管县"体制，则是贵州省委、省政府为实现促进县域经济、统筹城乡发展的目标主动进行制度创新的积极行为。

　　贵州省的"省直管县"体制改革经历了"以'扩权'为切入点的自发、零星式改革—国家政策推动下的以'财政省直管县'为主的改革—省委、省政府主动推进下的'行政省直管县'试点改革"三个阶段，整个历程体现出前期零散不系统、中期起步晚、后期进展快的特点。贵州省"省直管县"体制改革的历程和具体内容可参见表 3 - 8。

表3-8 贵州省"省直管县"体制改革的历程和内容

阶段模式	时间	涉及县域	主要内容	相关文件
扩权改革	1995	贵州省32个周边县	1. 阐明了县域经济在贵州省经济社会发展中的战略地位和意义 2. 提出把县分为四类,"统筹规划、分类指导" 3. 向32个周边县下放11项项目审批权	1.《关于加快县域经济发展的决定》(省发〔1995〕24号) 2.《关于扩大周边县若干管理权限的意见》(省发〔1995〕30号)
	1996	—	财政工作从源头抓起,采取措施增强强县级财政实力	《关于加快经济发展进一步做好财政工作的意见》(省发〔1996〕2号)
	1998	—	加快推进以县城为主的小城镇建设	《关于进一步加快小城镇建设的若干规定》(省发〔1998〕3号)
第一轮	1999	云岩区、仁怀市、盘县等20个强县(市、区)	1. 省财政每年安排3000万贴息资金扶持经济强县发展 2. 在劳资、工商行政、计划和资金调节、人事管理等方面赋予试点县与市、州同样的管理权限 3. 赋予试点县机构设置、外商投资等方面一定的自主权	《关于建设经济强县的实施意见》(省发〔1999〕8号)
	2000	—	到2010年把贵州1/3的县建成经济强县	《关于实施西部大开发战略的初步意见》(黔党发〔2000〕9号)
第二轮	2004~2007	20个试点县+小河区+汇川区+福泉市	1. 进一步放活经济强县管理权限,确定建设一批经济强镇 2. 加大对经济强县项目建设、财政投入、金融政策、建设用地、领导班子和干部队伍建设等方面的支持力度	《关于进一步推进经济强县建设的意见》(黔党发〔2004〕6号)
第三轮	2008~2010	23个试点县+修文+息烽+桐梓+平坝	3. 设置了一系列强县、强镇建设的激励措施	

续表

阶段模式	时间	涉及县域	主要内容	相关文件
财政省直管县	2009	盘县、遵义县、万山特区等31个县（市、区）	1. "三项不变"包括市县既得利益，市对县的支持，债权债务不变。 2. "五项到县"包括财务结算、收支预算、资金调度、转移支付，工作部署直接由省管理到县	《关于实行省直接管理县财政改革的意见》（黔府办发[2009]95号）
	2012	2009年的31个县＋13个县（包括3个自愿参加的自治县①）—毕节市—万山特区，共42个县（市或特区）	1. 进一步扩大并明确县级管理权限，确立了《省直部门向县（市、特区）下放的经济管理权限项目目录》和《省直部门向县（市、特区）减少管理层级的经济管理项目目录》 2. 进一步明确省直管改革后县市、县财政相互独立，市（州）不得集中县的收入和财力，一般和专项转移支付均直接分配下达到县（州）、县（市或特区）	1.《关于进一步推进扩权强县工作的实施意见》（黔府办发[2012]24号） 2.《关于进一步完善省直接管理县财政改革的通知》（黔府发[2012]35号）
行政省直管县	2013	第一批包括仁怀市、威宁县；第二批包括福泉市、镇远县、黎平县	1. 先期在仁怀市、威宁县试点。 2. 试点县（市）党委、政府直接向省级党委、政府负责并报告工作，试点县党委、政府接受省级党委、政府部门的业务指导和领导 3. 调整垂直管理部门（市）管理体制，工商、国土、质监部门直接下放到县（市）管理，地税部门由省直管，国土部门领导干部归省级国土部门管理 4. 试点县行政建制、机构规格、司法、人大、政协管理体制不变，经济社会统计指标考核纳入地级市（州）	1.《关于推进省直管试点工作的实施意见》（黔府办发[2013]8号） 2.《省人民政府办公厅关于推进省直接管理县（市）体制改革试点工作的实施意见》（黔府办发[2013]24号）

注：2011年10月22日，国务院批复贵州省进行如下区划调整：撤销毕节地区和县级毕节市，成立地级毕节市，设七星关区为毕节市政府所在地；撤销铜仁地区和县级铜仁市及万山特区，设万山区为铜仁市直辖区，原毕节市和万山特区成为市辖区，因此不再实行"财政省直管县"体制。

资料来源：根据贵州省政府官方文件整理。

二 贵州省"省直管县"体制改革的成效、经验与问题

(一) 贵州省改革的成效分析

贵州省的"省直管县"体制改革运行多年，经历了"扩权""财政省直管""行政省直管"的所有改革模式，一定程度上促进了贵州省县域经济的发展，提高了地方政府工作的效率，探索出一些可供欠发达、多民族地区借鉴的地方政府治理经验，其成效可总结为以下几点。

1. 行政效率明显提高

贵州省是一个典型的"市少县多"的欠发达边远省份，其地级市（州）存在几个重要的特点。第一，除了省会贵阳之外，贵州省的地级市经济发展水平普遍较低，像铜仁市、毕节市地区公署时期都是县级市，3 个自治州州府所在地现在也均为县级市，这些地级市（州）基本没有能力带动所辖县的发展。第二，经济越差的地级市（州）所辖的县越多，如黔东南自治州人均 GDP 在全省地级单位中排名倒数第二，却辖有 16 个县（市）。第三，除贵阳市之外，贵州省其他地级市（州）的政府所在地都基本位于地域边缘，导致县与其所属地级市（州）的空间距离较远。地级市（州）的这些特点使其既管不过来也没能力管好所辖县，地级市（州）对县域经济的辐射能力弱，二者之间经济关联度小，行政来往成本高、不方便。因此，在地级市不具备增长极作用的情况下，实行"市管县"体制，地级市（州）不但发挥不了带动作用，还可能成为横亘在省与县（市）之间的"屏障"，增加行政管理的成本，降低行政管理的效率。实行"省直管县"体制，减少了管理层级，"公文上下旅行"的时间大幅减少，省级政府对县履行经济管理权的成本更低、更加高效；经济社会管理权限下放到县，使县域居民翻山越岭到地级市办事的频率大幅下降，政府公共服务的提供更加快捷、便民。

2. 培育了新的经济增长极，促进了县域经济的发展

贵州省不但属于经济发展水平较低的西部内陆省份，也属于经济发展不均衡的省份。例如，2009 年，贵阳市南明区人均 GDP 高达 34864 元，而黔西南自治州望谟县仅有 3803 元，不及南明区的零头。贵州省经济发展水平较高

的强县基本都集中在贵阳市、六盘水市和遵义市等区域，铜仁市、毕节市和黔南、黔东南、黔西南三个自治州则是集中连片的贫困地区。贵州省的县域经济发展处于自发、无序状态，县域经济结构追求"小而全"，导致县域重复建设严重、产业结构严重趋同、县域经济缺乏特色，"县域间的低水平竞争超过县域间的分工协作，县域内很少形成专业化行业布局，专业化水平不高"①。"市管县"体制下，地级市（州）由于自身实力较差，无心也无力统筹和带动所辖县域的发展，省级则由于隔着地级市（州）一级不便插手。

"省直管县"体制下，贵州省政府可以在省级层面统筹县域经济发展，分类规划、重点指导县域经济的发展。贵州省政府采取"抓两头、促中间"的思路分类指导、分别促进县域经济的发展。2004 年，贵州省确定20 个县为"建强县"，对其下放经济管理权限，加大财政支持和金融扶持力度，对交通、通信等基础设施建设给予帮助，对项目审批、土地使用、机构人员编制给予政策优惠，有力地助推了强县的率先发展。2008 年和2012 年，贵州省在第一轮放权的基础上又增加了 20 余个县并进行了两轮扩权改革，放权让利于县，激发了县域经济发展的活力。在经济强县的带动与示范下，贵州省通过调整农业结构、发展山地生态特色农业和农业龙头企业、成立农业合作经济组织等提升县域农业产业化水平，以产业园区建设为载体促进农业工业化，以县城为核心，以中心集镇为分支促进农村城镇化，走出了一条振兴县域农业、致富农民、带动农村发展的道路。针对连片贫困地区，贵州省实施"精准扶贫、整体推进"战略，扶贫资金分配由省级协调并直接安排到县，扶贫项目审批权限下放到县，扶贫产业落户到县，扶贫成效由省级考核，取消或弱化贫困县 GDP 指标考核，推动扶贫开发由"被动式接受输血、分散粗放式进行"向"主动参与造血、精准整体推进"的方式转变。2011—2015 年，贵州省共有 25 个县、525 个乡镇实现了"减贫摘帽"。② 另外，贵州省政府还积极协调和促进县域发展的外

---

① 张鼎良：《我国省直管县体制改革研究——以贵州省实施省直管县体制为例》，博士学位论文，南京大学，2011。

② 程曦：《精准扶贫"贵州经验"4 年 25 个县 525 个乡镇"减贫摘帽"》，多彩贵州网，http://www.gog.cn/zonghe/system/2015/03/25/014205744.shtml，最后访问日期：2015 年 3 月 25 日。

向区域合作，例如，北部加强和完善"黔川渝"区域协作，西南部促进"滇黔桂粤"西江流域的航运、旅游、能源等领域的合作，增加并拓展了县域发展的机会和空间。

从"强县扩权"到试点"行政省直管县"，历经十余年的贵州省"省直管县"体制改革使贵州省的经济强县辐射与带动能力明显增强，县域经济发展取得了较大突破。2011 年，全省 27 个经济强县（市、区）完成生产总值 3641.38 亿元，占全省总量的 63.86%；完成税收总收入 415.06 亿元和地税收入 196.87 亿元，分别占全省税收总收入和地税收入总额的 66.57% 和 65.33%。2011 年，贵州省 8 个县进入西部百强县行列，位居西部地区第 6 位，遵义县和仁怀市还先后获得了全国县域科学发展示范县的称号。以贵阳为核心增长极，以地级市和 27 个经济强县为局部支撑增长极，贵州省初步形成了"连点成线、扩线成片"的区域发展格局。

尽管贵州省的经济绝对水平在全国甚至西部地区仍然居后，但是近年来，其主要经济指标的增速却位于全国前列，如 2014 年，贵州省 GDP 增速达到 10.8%，仅比位于首位的重庆市低 0.1 个百分点，位居全国第二；农村人均可支配收入增速达到 13.1%，居全国首位，这些指标都不同程度地见证了贵州省"省直管县"体制改革对县域经济的促进作用。

（二）贵州省改革的经验借鉴

作为西部欠发达、多民族地区的典型，贵州省的"省直管县"改革走在了西部地区的前列，多年实践积累的经验对欠发达地区的改革具有重要的借鉴意义。贵州省的改革经验可以总结为以下几点。

1. 改革试点选择全面，以培育新的经济增长极为着眼点

贵州省省域内市县经济普遍落后、具有带动作用的经济增长极太少且分布极不均匀，例如，在贫困面积较大的铜仁市、毕节市和黔东南自治州几乎没有能够发挥增长极作用的经济实力突出的县（市）。依据现实省情，贵州省采取了不同于诸多省份的以经济强县为试点、以"强县扩权"为起点的改革路径，无论是"扩权"改革、"财政省直管县"改革，还是"行政省直管县"改革，贵州省的试点选择都呈现出全面性，既有周边县又有中心地区县，既有经济强县又有国家重点扶贫县，既有一般县又有民族自治县。例如，处于三江源生态保护区的国家级贫困县威宁县和处于核心地区的西部百强县仁怀市，二者的区位优势、经济实力相差较大，但都是"财政省直管"和"行政省直管"的试点县。贵州省"省直管县"改革的目的不只是使强县变得更强，更重要的是着重考虑区位因素，使无论强县还是弱县，都可以通过改革成为区域内的经济增长极，带动周边的发展，"建强县"① 成为贵州省"直管县"改革中出现的一个高频词。

2. 内生、外生手段双管齐下，市、县利益兼顾

"省直管县"体制改革减少了行政层级，提高了县级政府的行政效率，增加了县域获取资源的机会，切断了地级市对县的领导权及对资源的支配权，因此"省直管县"改革在诸多省份一般都得到了县级政府的支持，同时遭到了地级市的阻挠和反对，市、县之间的关系也因此走向对立，但此种情况没有在贵州省发生。贵州省的地级市（州），除贵阳之外，经济实力本身不强，同县域一样面临着经济发展的困难。因此，贵州省的"省直管县"改革在推行之初就意识到保障县域利益的同时，绝不能牺牲或忽视地级市（州）的利益，并在"财政省直管县"改革的文件中着重强调："要保障市级财政在现行体制和政策范围内的既得财力不受影响。"② 贵州省注意保护市、县双方利益的做法调动了市、县改革的积极性，削弱了地级市（州）对改革的抵制态度，便于直管后市、县之间的合作。

与东部和中部的省域不同，贵州省国家级贫困县占县域总数的2/3，大多数县域的财政实力非常薄弱，基础设施建设落后，教育文化水平较低，人才短缺，招商引资困难，仅仅依靠放权激发县域自身的活力，还无法解决贫困县基础设施建设以及文化、医疗、教育等公共服务提供的问题。针对此种现实，贵州省的"省直管县"改革不是放权之后撒手不管，而是在充分调动县域自身积极性的同时，持续发挥省的外生力量，省、市两级协同对县域分类别、有重点地进行财政扶持，帮助其完善基础设施和公共设施建设、改善农村教育条件、改善招商引资环境等。因此，贵州省

---

① 列入贵州省"建强县"计划的县域既包括经济强县也包括经济弱县，其目的是通过使弱县变强、强县更强，打造一批能够带动区域经济发展的经济增长极。

② 《关于进一步完善省直接管理县财政改革的通知》（黔府发〔2012〕35号）。

的"省直管县"改革不是追求形式上的县与市的分治,而是在省、市两级的共同努力下做强县域经济,从而培育出更多的增长极带动周边区域发展。贵州省的这种"外生 + 内生"双管齐下的方式对于贫困地区的"省直管县"改革具有重要借鉴意义。

3. 对民族自治地区的改革采取"弹性处置"方式

2009 年,财政部指出我国"财政省直管"体制改革的总目标是"2012年底前,全国除民族自治地区外,力争全面推进省直管县体制改革"①。文件之所以特别指出改革可以不包括民族自治地区,主要是因为民族地区的经济较为落后,而区域、文化认同感较强,担心因为改革而割裂了地区内部的宗教、文化等联系,造成民族地区的不稳定。针对多民族聚居的特殊省情,贵州省的"省直管县"改革既没有把民族自治地区排除在外,也没有将其强行拉入,而是采取弹性处理的方式,充分尊重并认真考虑少数民族所在地区意愿,是否选择加入"财政省直管县"改革的试点由自治地区自愿决定。对于自愿加入的民族自治县,省级政府还加大了财政支持和政策倾斜的力度,避免了民族矛盾和冲突的产生,维护了民族团结和地区稳定,加快了民族自治地区的经济和社会发展。例如,黔东南苗族侗族自治州的雷山县,黔南布依族苗族自治州的三都县和平塘县,都是全省经济排名倒数的贫困县,2012 年经过所在自治州的同意,都自愿加入了第二批"财政省直管县"试点。

(三) 贵州省改革的问题与启示

贵州省的"省直管县"改革经历了三轮"扩权"改革、两轮"财政省直管县"改革和第一批"行政省直管县"试点改革,是西部多民族贫困地区中,改革模式实施最全面、历程最完整的省份。其各阶段改革推进中存在的问题,对其他省份改革的推进具有重要启示作用。

1. 改革试点县太多,减弱了财政支持的力量

贵州省在 1995—2000 年进行的三轮"扩权"改革涉及 32 个周边县、27个经济强县(区),"扩权"改革体现出覆盖面广、市辖区包括在内、财政支

---

① 《财政部关于推进省直接管理县财政改革的意见》(财预〔2009〕78 号)。

持力度大的特点，同时，这些特点也蕴含着"扩权"改革存在的问题。

依据经济发展的增长极理论，一个国家或地区实现均衡增长是不现实的，经济增长通常是自然或人为地选择一个或数个优势产业或城市为"增长点"，优先发展后再逐渐向其他产业或地区传导或扩散，非均衡性是经济增长过程中的必然现象。与中部和东部省份相比，贵州省整体经济实力较差，省级政府的财政能力有限，同时对几十个县级单位进行财政支持，财力过于分散，难免造成对每个县级单位的支持都类似蜻蜓点水，仅仅起到了"湿地皮"的作用，而没有促成一部分县级单位真正强大起来，如贵州省的安顺市、铜仁市等，经济发展水平较低的状况并没有发生大的改变，这与贵州省通过"省直管县"改革培育新的增长极的目的是相违背的。

市辖区虽然从级别上来说属于县级单位，但具有不同于县域的根本特征：市辖区属于集聚型行政单位，是中心城市的行政分区，也是中心城市发展的根基和支撑，与所在市具有高度的关联性；县属于广域型行政单位，其相对于所属市的独立性远远高于市辖区。贵州省的扩权改革把所有的市辖区（特区除外）也包括进来，增强了区的独立性，同时缩小了区和市的发展空间，在地级市（州）内部形成了区域分割，肢解了中心城市统一领导和规划城市发展的整体性功能，使原本就不发达的地级市（州）很难做大做强，无法带动周边县（市）的发展。

贵州省把培养经济"增长极"作为"省直管县"改革目标的出发点是正确的，但试点过多、覆盖市辖区的改革举措与培养"增长极"的目标是背道而驰的。改革历经多年，贵州省的"扩权"改革实践对西部其他不发达省份改革的启示作用在于：第一，在省级财政实力不强的条件下，应优先选择少数县域经济空间进行扩权，集中财力、重点打造"增长极"，以带动特定区域的经济发展；第二，市辖区是城市的有机组成部分，是地级市的根基和支撑，其管理和发展方式远不同于县域，特别是在地级市本身规模较小、实力不强的情况下，更应强化城市发展的统一性和整体性，而不宜通过放权增强辖区的独立性，否则，地级市和区的经济发展将受到双重抑制，地级市也难以成为带动区域发展的增长极。

2. "财政省直管县"改革形式化，缺乏激励机制

贵州省分别在 2009 年和 2012 年进行了两轮"财政省直管县"改革，

到目前为止,共有 42 个县(市、特区)实行"财政省直管县"体制,覆盖了全省 3/5 的县域。但是,改革政策不彻底,有名无实,缺乏科学的激励机制。例如,改革规定地级市(州)政府不能再从所辖县汲取资源,还要按照省级政府"三项不变"的要求中"市对县的支持不变"的原则继续扶持县的发展,在没有其他利益补偿作为激励的情况下,地级市(州)明显是利益受损方,自然表现出对改革配合不积极、支持不到位的态度。贵州省的"财政省直管县"体制改革还要求"市(州)政府仍负责履行对省直管县财政业务指导、工作衔接和监督管理等职能;省级财政部门可以根据工作需要委托或授权市(州)财政部门代行部分职能;市(州)财税部门要切实履行职责,加强对所属县(市、特区)的业务指导和监督管理"[1]。这意味着县级政府的财政权很大程度上仍然要接受地级市(州)政府的监督和控制,其自主性明显降低。

贵州省"财政省直管县"改革的主要问题在于形式化、不彻底,改革只是缩短了财政资源分配的链条,没有触及财政资源在政府间科学分配的机制,保留地级市对县级财政工作的指导、监督甚至代理,意味着没有从根本上改变"市管县"体制下市对县财政工作的领导关系。这种形式化的改革自然导致了财政"省管"与行政"市管"的和平并存,但无法有效实现改革促进县域经济发展的目标,使改革一定程度上失去了应有的意义。西部地区的广西、甘肃、宁夏也已在全省(区)范围内实行了"财政省直管县"体制,这些省份的改革也都存在类似贵州省改革的问题,所以改革没有大的起色。要想充分发挥"财政省直管县"体制的效能并与后续推进的"行政省直管县"体制相适应,建立财权与事权相匹配的财政分权体制是任何省份的改革都绕不过去的问题。

3. "行政省直管县"改革流于形式

在贵州省委、省政府的主导下,贵州省于 2013 年 6 月颁布了《关于推进省直接管理县(市)体制改革试点工作的实施意见》(黔府发〔2013〕8 号),确定仁怀市、威宁县、福泉市、镇远县和黎平县为"行政省直管

---

[1] 《关于进一步完善省直接管理县财政改革的通知》(黔府发〔2012〕35 号)。

县"体制改革试点，并于 2013 年 7 月 1 日起在仁怀市和威宁县先行试点，取得一定经验后，再扩大到其他三个县（市）。贵州省领先于西部其他省份，把"省直管县"体制改革推进到"行政省直管"的勇气可嘉。贵州省的"行政省直管县"改革按照"能放全放"的原则向县级政府下放了地级市政府享有的大部分经济社会管理权限，规定试点县（市）党委、政府直接向省级党委、政府负责并报告工作，试点县党委、政府部门直接接受省级党委、政府部门的业务指导和领导，同时调整了垂直部门的管理体制，工商、质监部门直接下放到县（市）管理，地税部门由省直管，国土部门领导干部由省级国土部门管理。目前，贵州省的"行政省直管县"改革已进行了将近两年，其存在的突出问题有以下四点。

第一，干部管理体制不顺畅，影响领导的积极性发挥。直管县的领导干部是改革的实践者，如果改革设计不能激发领导者的积极性，改革将难有成效。贵州省的"行政省直管县"试点改革中，其行政建制、机构规格、司法、人大、政协管理体制不变；试点县的一把手由省委直接领导和任命，但不高配；除了县长、县委书记由省委任命外，其余副县级以下的干部管理权仍归原所属地级市，经济社会统计指标考核仍纳入地级市（州）。根据此制度设计，地市级政府俨然从原来的"亲娘"变成了"后婆婆"，冷落直管县干部是一件很自然的事，导致直管县干部晋升被边缘化、考核成绩被劣等化、晋升渠道受到阻塞，严重影响了干部工作的积极性。

第二，省级财政对直管县"输血式"的支持不具有可持续性，并且容易使直管县形成等、靠、要的依赖心理，不利于县级政府发挥县域经济的主动性。例如，威宁县是贵州省面积最大、人口最多、人均 GDP 最低的县，2010 年被确定为喀斯特地区综合扶贫试点县。2013 年，威宁县成为第一批"行政省直管"改革的两个试点县之一，目的就是使其脱贫并成为区域的增长极。2013 年，省财政加大了对威宁县的支持力度，加上国家、原地级市、对口支援城市的帮扶，威宁县直管后一年内得到的扶持资金超过了直管前三年的总额，这对改善威宁县的基础设施环境起到了根本性的作用。但是，如果不激发县域内生增长力量，这样的扶持就不具有可持续性，也不能从根本上解决威宁县的贫困问题。况且，贵州省的财政实力本来就不强，如果每个试点县都采取这种"输血式"的帮扶政策，省级财政根本无力承担。

第三，贵州省政府进行"行政省直管县"试点改革的基本目标是发展县域经济、提高地方政府治理效率，较高层面的目标是把试点县打造成区域增长极，通过与周边县域的合作，带动区域经济的协同发展。但是，贵州省试点改革倾向于培育以乡镇为载体的"小增长极"，以乡镇为单位发展县域特色经济。各个乡镇之间受交通条件的制约，使同类产业难以形成规模、集聚发展，异类产业难以形成链条、互补发展；县域之间囿于"行政区经济"的束缚，发展视野狭隘，地方保护普遍存在，相邻县域之间缺乏诸如生态旅游、产业规划等方面的相互合作、抱团发展，产业打架、恶性竞争的现象时有发生，这些情况严重阻碍了做大、做强县域经济，难以实现以试点县为中心培育新的增长极，带动区域经济发展的目标。所以，贵州省的"省直管县"改革要取得突破，政府要做的不仅仅是"给钱"，还要在省级政府的统筹与主导下，引导县域打破发展的"行政区划"界限，在一定区域内进行基础设施投资建设、公共服务资源平台共享、产业结构统一规划，形成以试点县为中心的一定区域内竞争有序、互惠合作、抱团发展的区域治理新格局。

第四，贵州省的"行政省直管县"体制改革没有触及干部管理、财权划分、公共资源共享等核心问题，因此，贵州省的"行政省直管县"改革不会遇到来自地级市的阻力，反而可能遭到县域干部的抵制。对县域经济发展，也不会产生太大的影响。

第四节 三省份"省直管县"体制改革的聚类分析

促进城乡协调发展是"省直管县"改革的出发点，也是其落脚点，所以改革方案的设计以及改革效果的评价就应该放在促进城乡协调发展的框架中进行衡量和对比。东部的浙江省、中部的河南省和西部的贵州省的"省直管县"改革在经济社会发展水平和改革深入程度上处于三个不同的场域，改革的试点、模式、路径选择、制度设计各有差异。无标准不宜区分优劣,把三个经典省份的改革全部放在"促进城乡协调发展"的目标框架内,从改革启动的背景、试点和模式选择、制度设计、成效等方面进行聚类分析,总结出"省直管县"体制改革的本质问题,对全国范围内改革的推进都有重要借鉴意义。

一 改革背景、试点和模式选择比较

从1953年国家撤销大区财政建制,建立市、县级财政开始,浙江省就采取了不同于其他省份把"县财政"置于"市财政"之内的做法,而把市、县财政并置于"省财政"之下。所以,严格地说,浙江省从"出生"就开始的"财政省直管县"体制不属于"省直管县"体制改革的范畴,浙江省真正的"省直管县"改革是从1992年的扩权改革开始的。但是,把1992年之前的这段历史拿来比较,本书认为有重要的意义,因为浙江省的"财政省直管县"体制能够坚持到1994年分税制后被国家认可是一件非常不容易的事情。在此期间,它顶住了1982年国家"市管县"体制的冲击、1986年在国家号召下市里强烈要求管县的呼吁,以及1993年省里不愿得罪"两头"而顽强地把"省直管县"保留下来,直到1996年全国范围内发生县乡财政危机而浙江得以幸免,浙江省的"财政省直管县"体制才被国家认可并作为经验进行推广。在政治高度集权的社会,与国家"农村支持城市"的意志相违背,是需要非常大的勇气和力量的,这种力量其实就是浙江农民"城乡平等"的信念,是最值得其他省份借鉴的东西。而且,浙江省除宁波市外,所有县域一视同仁,全部实行"财政省直管县"体制,以免造成县域之间的差距。所以,从诞生开始,"省直管县"体制就具有了"统筹城乡协调发展"的基因。浙江省行政"市管"、财政"省管"的扭曲机制,造成了县域行政效率的低下,抑制了"财政省直管县"体制效能的发挥,因为浙江省地级市的经济带动能力差,不具备增长极的条件。1992年,浙江省启动"强县扩权"改革。其"强县"扩权的目标是在县域经济差别不大的前提下,把较强的县培养成带动区域产业升级的增长极,令县域经济再上一个台阶,创建全国范围内的竞争平台。

河南省的"省直管县"改革开始于1993年对巩义等18个经济强县进

行扩权，当时改革的背景是探索促进县域经济发展的新思路。18 个经济强县扩权之后，经济迅猛发展，至今没有一个出过全省前 30 名。本次强县扩权后，河南省委、省政府的改革视野更加开阔，目标是促进所有县域的经济发展，而不是让强者更强、弱者更弱，制造新的不均衡。所以，后续"扩权强县" + "财政省直管"的试点选择不再只选强县，而注重各种发展水平的均衡选择。2011 年，河南省"行政省直管"改革的启动是积极响应国家"十二五"规划中统筹城乡发展的战略，试点和模式的选择都立足于统筹城乡协调发展的战略高度。河南省"行政省直管县"改革试点的选择更照顾边缘县、农业大县和贫困县，10 个试点中的 4 个都是国家级贫困县，而且 10 个试点县"一刀切"式地全部实行"全面直管"，由此可以看出河南省赋予城乡同样的权力和发展机会及其统筹城乡协调发展的决心。

贵州省有实质意义的"省直管县"改革是 1999 年的"强县扩权"改革，强县扩权改革的动因是贵州省的地级市太弱、带不动县，市县关联度很小，所以需要在县域培养一批增长极带动县的发展，选择的试点县是经济发展较强的县。"财政省直管县"改革和"行政省直管县"改革基本上是响应中央政策的地方政府制度创新的需要，所以试点县基本上是较为贫困的地区，目的是通过政策红利的释放看到改革的成效。

从三个省份改革的背景和动因来看都是为了促进县域经济的发展，长远来说都是为了实现统筹城乡发展，改革试点和模式的选择一般也与统筹城乡发展的目标相匹配。

二 改革制度设计比较

"省直管县"改革的制度设计，从统筹城乡协调发展的角度审视，应该体现出这几个特点：①按照"两个趋势"的原则，从外生方面做到对县域"多予少取"；②在内生方面，制度能够激发县域的"造血"功能；③比较成熟的农村公民社会；④建立城乡区域内的经济合作和公共资源共享机制。

浙江省继 1994 年分税制之后建立了省、市、县之间的"省内分税制"，解决省与市、县财政收入的划分问题，其总的设计理念是扩大县级财政的留成比例和税收返还比例，增强县级政府财政汲取的能力。浙江省还通过"两保两挂""抓两头、带中间分类指导""亿元上台阶"等一揽子财政激励政策,把地方增收与领导干部的奖励直接挂钩,调动了县级政府积极培育财源、做大做强县域经济的积极性;同时依据经济发达程度采取不同的激励政策,增强了省级财政的宏观调控能力,便于统筹各县、市的均衡发展。浙江省还采取"强县扩权"向"强镇扩权"递延、"减权"与"放权"双管齐下的方式给县域经济最大松绑,激活县域经济发展的活力。"强镇扩权"和"减权"被称为浙江省"省直管县"改革的两个"秘密武器"。

与浙江省相比,河南省和贵州省的"省直管县"改革表现出明显的激励不足和"出手不阔"。河南省"行政省直管"后没有调整省内的税收分配比例,没有制定县域发展的激励机制,也没有补偿县域因直管失去的市级的补助,在市、县财政分家时并没有过多地照顾直管县,反而因为市级相对较强的话语权过多地照顾了地级市的利益,这与对县"多予少取"的理念是不符的。例如,巩义市在座谈会上抱怨因直管失去了大靠山"郑州市"的支持,滑县40亿财政支出的80%以上靠各级转移支付完成,自己基本不依靠转移支付完成了近40亿的财政支出也没什么奖励;永城市则抱怨,虽然已经直管了,但境内的上市企业还要给商丘市交几年的利润分成,这些都抑制了直管县发展经济的积极性。河南省的改革并没有触及重塑地方政府间利益关系的"灵魂",也没有按照权力与职责相匹配的原则进行地方政府间法治性的分权。对省级政府来说,要想保障"省直管县"体制改革推进和成效释放的可持续性,必须按照市场经济条件下公共产品与公共服务提供的层次性要求,进行省以下地方政府间权力与职责相匹配的法治性分权,并以此推进地方政府治理理念和政府职能的转变。河南省改革的制度设计已经在探索干部人事管理的配套改革。全面直管后,直管县的一把手基本都得到了副厅级高配,副处级以上干部全部由省级部门管理,但是还没确定可实现交流的范围,副处级以下干部全部由直管县自己管理,这样就解决了直管县领导积极性不高的问题,这个问题的解决对直管县的发展是至关重要的。

贵州省的制度设计有两点是遭人诟病的:一是把一些地级市所辖的区

纳入"财政省直管"范围；二是"财政省直管"下的县继续接受市的指导，市对县的财政补助不变，"行政省直管"下，副县级以下干部继续受地级市管理。这两种制度使市和县发展经济的积极性都受到了打击，使贵州省的"改革"基本流于形式。

实现城乡协调发展，不能忽视人的发展，因为人的素质决定了县域社会的气质，这种气质体现在政府官员身上就是服务意识，体现在居民身上就是公民精神。浙江省的县级政府从"财政省直管"开始就认定了自己的职责是为县域内的民营经济发展提供服务，其职能和政绩不只是体现在创造的 GDP 上，还要体现在如何为民营经济提供产权保护、解决好外部性问题和创造好的发展环境。公民精神的培养不是一蹴而就的，而是环境长期熏陶的产物，这种环境是依靠县域政府职能的转变塑造的。浙江省的商会很发达，浙江省依托以商会为主的各种社会组织培育公民精神、构建公民社会，形成了行业和基层社会的自管理机制，实现了政府与社会的良性互动，保障了公民利益表达和政治参与的有序化，塑造了"党委领导，政府负责，社会协同，公众参与"的新型基层社会治理格局，促进了浙江省城乡政治社会的协调发展。这种成熟的县域公民社会是其他省份所不具备的，但也是其他省份切实转变政府职能后可以进行培育的。

省直管后，县级政府要从政策的被动执行者向集决策与执行于一体的角色转变，从县域经济、社会一元化的"管理者"向政府、市场、社会多元化治理的"主导者和服务者"转变。河南省县级政府自我发展、自我治理的理念还没有形成，角色和观念的转变还不到位，试点县面对接踵而来的各种权力，并未表现得异常兴奋，反而感到巨大的压力，甚至拒绝下放权力。由于缺乏像"浙江人"一样勇于创新的精神和敢于尝试的胆识，试点县政府面对需要自行决策的重大问题时，还是习惯于依赖地级市的帮助，不能用活、用足、用好下放的权力，使改革的成效打了折扣。令人欣慰的是，经过全面直管后 3 年的锻炼，直管县干部的能力素质提升了很多，服务意识也发生了转变，基本上已经可以与省里的业务顺利对接。河南省县域社会发展程度低，社会力量较为薄弱，基层社会自治能力差，对政府管理的依赖性较强，无力或无意识承担政府转移出来的社会管理职能，等、靠、要的思想还比较严重，这都加大了县级政府治理县域社会的难度。

统筹城乡协调发展一方面要统筹，另一方面要协调，协调就是城乡之间能够实现资源和要素的自由流动以及互动、合作。尽管在其他方面的制度设计上，浙江省远远走在了其他省份的前面，但在区域内的经济合作和资源共享方面，浙江省并没有制定出合适的方案，导致县县之间、县市之间表现得独立有余而合作不足。县市缺乏经济合作使产业规模层次无法升级，缺乏资源共享机制、基础设施和公共服务平台重复建设，共同导致了资源和人力的极大浪费，这也是困扰浙江省县域经济进一步做强做大的关键因素。贵州省在这一点上是值得肯定的。其在对直管县进行扶持的同时，主张与邻近县域展开合作，以便实现农业的产业化、规模化经营，带动区域经济的快速发展。河南省在很多方面都应该学习浙江的经验，并已经在探索区域合作和公共资源共享方面的制度设计，例如，直管县已经建立了与原所辖市公共资源平台的共享机制，由省级政府代直管县给予市一定的财政补贴。此外，河南省还在着手建立邻近县域的区域经济合作组织，以共同处理区域内的外部性问题。

三 改革成效比较

浙江省 "省直管县" 改革促进县域经济发展的成效是全国各省份有目共睹的，它不但实现了县域经济的高速发展，还实现了县域经济对地级市经济的超越。浙江省 2016 年的城镇化率达到 65.8%，高出全国 11 个百分点，城乡收入倍差缩小到了 2.07①，远远低于全国 2.72 的平均水平。浙江统筹城乡经济、社会发展的水平走在了全国前列，但是浙江省 2014 年以来的城乡收入差距比基本徘徊在 2.08 左右，没有太大的改变，说明浙江省的县域经济发展也遇到了瓶颈，这个瓶颈很大程度上源于浙江省县域经济独立而非协作的发展状态。浙江省县域经济的发展要归功于浙江省的 "财政省直管县" 体制，而其县域经济发展独立而非协作的关系也要归咎于 "财政省直管县" 体制。因为在 "财政省管县" 体制下，市级层面缺乏协调县

---

① 参见《杭州在线》2016 年 5 月 18 日讯。

域之间或县市之间经济合作的动力,而浙江省没有实现完全的"行政省直管县"体制,造成了行政和财政的扯皮,省级政府也不好插手浙江省的区域经济协作问题,所以造成了浙江省如此发达的县域经济却没有打造出大的具有经济带动作用的产业聚集带或增长极,也没有形成产业升级的平台,甚至抑制了浙江省县域经济的进一步发展。现在的浙江省"省直管县"改革停留在向"行政省直管县"过渡的时期,应该是在观望其他省份"行政省直管县"改革的成效,而此时的河南正在"行政省直管"的路上艰难探索,成效还没有明确地显现出来,不能给浙江省提供参照,造成了目前浙江省"省直管县"改革停滞不前的状态。浙江省域面积很小,交通与网络信息技术都很发达,如果浙江能够发挥制度创新的优良传统,过渡到"行政省直管县"阶段,在省级政府主导的情况下突破"块块"发展的局限,实现区域间协作与公共资源的共享,应该能够推动浙江省县域经济向前发展,提高浙江省统筹城乡发展的层次。

河南省的"行政省直管县"体制由于准备不足,很多配套的制度方案还没有出台,这在很大程度上抑制了改革成效的发挥。但由于河南省试点县的彻底放权,省级财政也给予了试点县特别是贫困县以财政扶持,县域经济发展的成效逐步显现出来,而且越是贫困的试点县,成效越明显,倒是靠近郑州的经济强县如巩义市,受改革影响的变化不大,反而因为少了"郑州"的庇护影响了经济的发展,也难怪巩义市从一开始就对直管持排斥态度。其实,巩义市与郑州市的市、县关联比较强,而郑州的带动作用又比较大,巩义被直管是与统筹城乡发展的理论相违背的。所以,并不是所有的县都适合直管,试点县的选择也会影响改革成效的发挥,要把试点的选择放在利于城乡协调发展的框架下进行。虽然河南省的"省直管县"改革还未取得像浙江省那样明显的成效,但是从河南省改革试点和模式的选择、对贫困直管县基础设施建设的财政扶持力度加大,以及区域协作和公共资源共享机制的建立等方面可以看出,其制度方案的设计是放在城乡协调发展的框架内进行的,其改革成效的发挥只有在制度设计框架完善之后进行评估才是客观的。

尽管近两年贵州省的经济发展速度在全国排名靠前,但客观地讲,这主要是国家精准扶贫和其他政策作用的结果,贵州省的"省直管县"改革贡献基本体现为省财政对试点县"输血式"的财政扶持。贵州省的改革没有取得明显效果,而且从长期来看也很难取得较好效果的第一个原因是制度设计不合理、不能调动市县的积极性,第二个原因是贵州省改革选择的试点县很多,而贵州省的财力比较薄弱,财力分散到各个点上的数量很少,很难培养出增长极,而且不能激发县域的内生"造血"能力,仅靠省财政的外部输血,是不具有促进县域经济发展的可持续性的。最重要的一点是,统筹城乡发展是以生产力发展到一定程度为前提的,贵州省的地级市经济在没有完成增长极的使命之前,统筹城乡的协调发展只能是低水平的同一。贵州的实践已证明了这一点:改革既没有很好地促进县域经济的发展,又因为资源向县域倾斜而拖累了地级市的经济发展。所以,像贵州一样的西部不发达省份,当务之急还是要把地级市和少量试点县培养成增长极,而不是大面积地进行"省直管县"体制改革。

第五节 "省直管县"体制改革实践案例分析结论

从对三个省份"省直管县"改革实践的独立与聚类分析中可以看到,由于地区发展水平的差异,每个省份采取的改革路径和模式不同,面临的问题也具有差异性。浙江省成功的主要经验在于"财政省直管"后及时通过"省内分税制"进行了省以下地方政府财权事权的划分,并采取了一系列激励机制,这两者结合起来使大部分财政资源下沉到县,促进了县域经济的快速发展。目前,浙江省的改革处于"财政省直管"向"行政省直管"过渡的"停滞"时期,原因在于"财政"省管、"行政"市管的体制扯皮,阻碍了行政区域的协作,无法实现产业的聚集和升级。在区域协作、抱团发展成为必然趋势的时代,浙江省开始遭遇"财政独立之痛",但又怕"行政省直管"后由于区域协作机制的缺失而使县域更加孤立,因此,改革停留在过渡期。河南省改革的可贵经验首先是摒弃"摸着石头过河"的渐进路线,快速过渡到"行政省直管体制",其次是探索直管后的区域协作与资源共享机制以及直管县干部在全省范围内交流的管理体制。

河南省改革目前陷入"困境"的根本原因在于省、市、县财权划分触及了核心利益，遭遇到地级市的阻力，区域协作制度创新没有获得顶层的授权支持。贵州省的改革较不彻底，而且大多流于形式，但省级政府通过给多个试点县的财政转移支付实现了基本公共服务统筹权的上移。

对三个差异度较大省份的改革实践进行系统性考察发现，各省份的经验也好，问题也罢，都在于没有解决好三个主要问题：①干部管理制度能够对直管县干部形成有效的激励机制；②依据科学理论，把地方政府间的财权、事权划分清晰；③以平等、互惠为前提，建立区域协作与公共资源共享机制。需要澄清的是，这三个问题不是实行"省直管县"体制衍生的问题，而是内含于"省直管县"体制并需要"省直管县"体制改革解决的本质问题。这些问题是应该在改革实施前做好制度设计的，但诸多省份的试点改革，都存在盲目响应中央政策的准备不足的现象，导致改革举步维艰，甚至停滞。

通过三省份改革成效的比较分析可以看出，并不是所有的省份或县域都适合实行"省直管县"体制，"省直管县"体制成效的发挥需要借助一定的经济、社会、地理等条件，要依据城乡差异和相互关联的程度相机抉择。像浙江省等经济发展水平较高、城乡发展差距较小、公民社会发育程度较高、省域面积较小的省份适合在大部分县域实行"省直管县"体制；像河南省等县域面积大、所辖县较多、城乡差距较大的中等发达省份，适宜在农业大县、边远县、与地级市关联度不大的县实行"省直管县"体制，与所在地级市关联度大的县则适宜保留"市管县"体制；像贵州省等省域面积较大、城乡经济均不发达、交通不便利、公民社会发育程度低、自治能力较差的西部不发达省份，应市、县发展双管齐下，优先培育增长极，而不能急于大面积实行"省直管县"体制。

"省直管县"改革要想走出"困境"并实现促进城乡协调发展的目标，需要在城乡协调发展的框架下，对改革的政策方案进行系统设计。

| 第四章 |

基于城乡协调发展的"省直管县"
体制改革走向与要求

　　"省直管县"改革可以说是当今战线拉得最长的行政体制改革，已经到了一个"中央瞅地方、地方看中央"的相互观望的阶段，中央希望看到地方某个省份的改革成效让其"眼前一亮"，以借助典型往下推广；地方则认为自己在省以下范围内探索的领域已经不多，打破根深蒂固的利益格局非常困难，改革难以有所突破，只能等待中央顶层设计的进一步授权并指明方向。长时间相互观望的局面，很容易使实践者对改革产生疲劳症和丧失改革精神。例如，把改革推向最高阶段"行政省直管县"的河南省，由于缺乏顶层授权的支持，使改革进退维谷，如果一直处于这种进退两难的境地，结果只能是干部疲倦、试点县发展受损、改革不了了之。这种结果既不是中央想看到的，也不是省政府想看到的，更不是试点县想看到的。因此，对于每项改革，只要确定的改革目标是可达的，改革的方向是正确的，中央顶层就必须给予支持，地方政府就必须有改革创新的勇气并及时转变职能，学界应以更开阔和长远的眼光提供智力支持。中央、地方、学界达成改革的共识并形成合力，才能使改革突破困难向前推进。

第一节　"省直管县"体制改革的走向

　　"省直管县"体制改革的走向是指"省直管县"改革应该以哪些县域为改革对象、沿着什么样的路径走到哪里以及进程如何的问题。"省直管县"体制改革的走向决定了其能否不走弯路并顺利到达目标终点。省直管县改革的出发点、路径选择、通道拥挤程度都决定了省直管县改革的走向。

一 试点县选择：农业大县、贫困县、边远县优先

试点县的选择决定了"省直管县"改革的起点。尽管学界给出了一系列试点县选择的依据，如经济、交通、方位、人口、面积等，但各个省份在具体实践的时候，选择的依据却差别较大。有的省份为了凸显改革的效果，习惯选择强县做试点，如吉林省选择县域经济较强的公主岭市和梅河口市作为"行政省直管县"试点；有的省份则将强县、弱县同时列入试点以对比实验改革的效果，如安徽省选择与浙江省交界的强县广德县和与湖北省交界的贫困县宿松县进行"行政省直管县"试点；还有的省份偏向于选择较弱的县和农业县进行试点，如河南省的 10 个"行政省直管"试点县中，有 4 个是国家级贫困县，3 个是农业大县，当然为了对比分析，也纳入了 3 个工业强县。

根据"共享式增长"理论，政府应该通过制度性安排使弱势群体获得"竞争性差得机会"①，因此，从统筹城乡协调发展的目标来看，试点县的选择要着重从以下几类县中选择：①农业大县；②贫困县；③远离中心城市的县。如果三个条件全部满足，那么这样的县就最具有直管的优先权。农业县和贫困县属于城乡差距拉大、城乡关系失衡的弱势端，所以"省直管县"改革的政策红利优先被这些县域拿到是"省直管县"改革统筹城乡发展目标的直接实现。远离中心城市的县与地级市的关联度较小，受地级市的带动效应最差，一般情况下也都是不发达的县，这样的县不但需要政策红利，还需要通过培育成为区域经济发展的增长极，因此也可以成为被优先直管的县。例如，河南省的滑县，2016 年粮食总产量逼近 30 亿斤，连续 24 年夺全省冠军，又属于国家级贫困县，而且远离原所辖地级市安阳市，省直管后，姑且不说县域经济增长多高，滑县的基础设施建设和农村公共服务提供着实上升了很大一个台阶，全县四个方位 20 分钟内上高速，

---

① 龙静云：《共享式增长与消除权利贫困》，《哲学研究》2012 年第 11 期。

农村的道路、卫生等公共服务明显改善,用滑县干部的话说:基础设施环境好了,招商引资比以前容易多了。这与统筹城乡发展的理念是相符合的。在一次省直管县干部座谈会上,河南省一个直管县的市长抱怨给滑县那么多转移支付不公平的时候,由于省派专家组也在场,该市市委书记怕传到省委不好,还没等专家组发言,就直接反问:"你知道滑县为国家贡献了多少粮食吗?"在场的其他直管县领导和专家都认同市委书记的观点,认为按照"工业反哺农业"的城乡发展思路,把更多的资金向农村和农民倾斜,是发挥政府政策主导作用统筹城乡发展的重要手段。从促进城乡协调发展的目标出发,在资源有限的条件下,"省直管县"改革当前更紧迫的任务不是让强县更强,而是让贫困者解困,实现"帕累托最优"。因此,无论是从长远还是当前考虑,在直管名额有限的情况下,应该把更多的农业县、贫困县纳入进来。

距中心城市近,且经济关联度较强的县不宜直管。城乡协调发展有两层含义,其一是发展水平上逐渐趋同,城乡之间可以通过资源的流动实现两者的互相促进。与中心城市距离较近,且经济关联度较强的县,不但可以受到中心城市的带动,还可以内化为中心城市的一部分并拓宽中心城市的发展空间,实现二者的协同发展。如果将其从地级市里独立出来进行直管,就会人为割裂市、县之间相互融合的关系,不利于城市的发展,也不利于县域的发展,这是与统筹城乡协调发展的目标相背离的。例如,河南省让滑县进入"直管县"行列是一个非常正确的选择,而让巩义市入列,则是一个不恰当的选择。巩义市介于郑州和洛阳之间,是原郑州市所辖的县级市,也是全国百强县,曾号称"中原第一县",直管后,脱离了郑州这棵大树,既失去了郑州市的财政支持,也失去了诸多与郑州市合作发展的机会,可谓损失较大。最明显的一个例子是,巩义到郑州的一条路由郑州和巩义合作修建,直管时修到了一半,郑州却不肯再出钱,工程停滞了很长时间都没人管。当时省委选择巩义直管的目的是想让巩义成为郑洛工业带上的一个增长极,而实际上一边是省会郑州,一边是省内第二大城市洛阳,优势资源全被两头吸走,根本不会给巩义多少机会。杭州市周边的县直管后发展效果不好也证明了这一点。对于像巩义这样靠近中心城市并和中心城市经济关联度强的经济强县，要么内化为市的一部分成为市的一个区，要么独立升格为市，对县域的发展来说均是比较好的改革出路。

二 路径选择："财政"直管与"行政"直管并驾齐驱

依据制度经济学理论，改革路径的选择决定了未来制度变迁的走向，从性质上来说，改革路径的选择无非有两种：渐进主义与激进主义。渐进主义的优点在于没有大起大落的政策变化，可以保持改革系统的稳定。出于稳定性和便利性的考虑，大部分省份的"省直管县"改革选择的是"强县扩权—扩权强县—财政省直管—行政省直管"的渐进主义路线。从1992年的扩权改革算起，"省直管县"改革已经持续了20多年，24个省份的1000多个县参与到改革之中。根据前文截止到2014年的数字统计，无论是一步到位实行"财政省直管"改革，还是由"扩权"改革推进到"财政省直管"，全国已经有1037个县实行了"财政省直管县"体制，而推进到"行政省直管县"试点阶段的只有49个县，就连浙江省目前也没有进入全面"行政省直管"阶段。这些数字揭示了"省直管县"改革的路径选择，说明"扩权""财政直管"等过渡阶段较易，"最后一公里"的"行政直管"却很难走。

虽然浙江省在1953年坚持实行"财政省直管县"体制顶住了很大的压力，大家为"浙江人"的勇气而称赞，但之后各省份效仿浙江省"财政省直管"都没有遭遇阻力和困难，原因有四。第一，浙江省的成功经验已经在人们头脑中形成"财政省直管"有利于促进县域经济发展的共识。第二，"财政省直管"只是改变了财政分配的链条，没有触动市的根本利益，也没有从根本上改变省、市、县政府间财政分配的格局。第三，随着城乡差距的扩大以及在国家统筹城乡发展的大局下，"财政省直管"势不可当，即便仍然县财市管，地级市也不敢过多地"刮、卡"农村，相反，还要根据财力剩余情况补贴县，所以实行"财政省直管县"，对于地级市来说，既响应了上级的政策号召，除去了搜刮县的恶名，又甩掉了一个"包袱"。第四，对所辖县的人事管理权比财政管理权更让地级市领导感兴趣，"财政省直管县"体制下，直管县的人事权仍掌握在地级市手里。因此，实行

"财政省直管县"体制没有实质性的利益冲突，体制运行中也没有遇到大的障碍。但是，多个省份实行的没有障碍的"财政省直管县"体制也没有取得像浙江那样促进县域经济发展的效果，其根本原因是其他省份的"财政省直管"只学到了"浙江模式"的"形"，而没有学到浙江通过"省内分税制"和一系列激励机制把资源留在县的"神"。当县域经济发展到一定程度，需要较大的张力再往前跨越时，"行政市管"的束缚才会明显地表现出来，"财政直管"与"行政市管"的冲突也会越来越明显，浙江省的现状以及河南省过渡时期"单列模式"的种种扯皮已经证明了这一点。

"扩权"改革与"财政省直管县"都是完全意义上的"省直管县"体制改革的过渡阶段，改革只有过渡到"行政省直管县"，地方政府层级由三层变成两层，地方政府间的利益结构和权力格局才会发生根本性变化，实现真正意义上的"省直管县"。"行政省直管县"体制下，需要县域相应的机构、人力、财力去承接大量下放的权力，这对直管县来说是一个巨大的考验。随着事权的下移，要跟着下移配套的财权，更何况还要在省以下地方政府间重新划分事权，这种财权、事权的划分因为牵涉利益结构的变化可能引起地方政府间激烈的博弈。"行政直管县"取消了地级市对县级人事的控制权，地方政府间的空间政治权力结构也发生了变化。人权、事权、财权三种权力结构的变化和重组以及附着在上面的利益结构的改变才是"省直管县"体制改革的本质，这种实质变化后的有序重组才会提高县级政府的工作效率，才会通过"资源配置的下移"改变"财权在上、事权在下"的不匹配状态，才能使市、县并立，地位平等，拥有相同的权力和发展机会。"行政省直管"要处理的问题如此复杂，以致目前只有49个县在试点，但也只有实现"行政省直管"，才能使城市和农村处于身份、地位平等的平台，把资源下沉到县，使县级政府完全掌握县域发展的自主权，"省直管县"改革促进城乡协调发展的功能才能实现。

我国的很多改革，如政企分开、政事分开等，虽已持续了几十年，但这些问题依然没有得到好的解决，其原因与改革的"渐进主义"路径选择有关，"我们在一定程度上产生了'渐进路径的崇拜'，为了求得稳定而一味采取渐进的方式，而不明白在必要的时候采取激进的方法才能解决面临的问题"①。渐进主义的改革总是沿着从边缘到中心、从易到难的路线前进，但当改革进入深水区和攻坚阶段，触及核心利益问题时，就变得非常困难，特别需要激进主义路线实现质变。目前的省直管县改革停滞在向"行政省直管"过渡的路口，并不是为了获得"摸着石头过河"的安全感，而是对现存体制既得利益者的迁就与容忍，他们"力求巩固现有制度，阻碍进一步的改革，哪怕新的体制较之现存体制更有效率"②。由于缺乏打破根深蒂固的利益结构的勇气，尽管20余年的"省直管县"改革历程早已摸清"石头"在哪里，却囿于权、利的重构，"只摸石头不过河"，渐进主义的路径依赖及"崇拜"使改革耗费了大量的时间和执行成本。根据马克思的城乡融合理论，协调发展不是一蹴而就的事情，它需要一定的社会条件，对于社会主义中国来说，这个社会条件就是打破旧的不公平的权力和利益结构。"财政省直管县"的权宜之计不能从根本上发挥统筹城乡发展的作用，甚至在与"行政市管县"的扯皮中遏制县域经济的发展，使统筹城乡发展的路变得更长，更何况先"财政省直管"后"行政省直管"本身就是悖论。诸多省份的改革实践已经积累了丰富的经验，证明了"财政省直管县"不能真正给县级政府松绑，也不能使县域的发展获取更多的资源。所以，统筹城乡发展及推进"省直管县"改革，不能依赖"扩权—财政直管—行政直管"的渐进路线，必须打破地方政府间旧的权力、利益结构，跨越式进入"财政""行政"同时直管的高级阶段。

三 政策出口："省管县"与"市管县"并存

"省直管县"体制改革，作为一项行政体制改革，是促进城乡协调发展的制度手段，而不是制度目标。"省直管县"改革的目的是和其他政策手段一起，达到促进县域经济、社会发展，实现城乡协调发展的目的。因此，城乡协调发展不会毕其功于"省直管县"改革之一役，"省直管县"改革也不会把所有的县域包揽进来，增加改革本身的负担。"省直管县"体制改革不是替代"市管县"体制，而是与"市管县"体制相互补充，实

---

① 竺乾威：《政府管理创新若干问题的思考》，《中国行政管理》2012年第2期。
② 卢现祥：《西方新制度经济学》，中国发展出版社，1996，第81页。

现市、县的共享式增长和城乡的协调发展。

亚当·斯密在其著作《道德情操论》中曾经这样论述:一个社会的经济发展成果如果不能被分流给大众,那么这个社会在道义上将是不得人心的,而且是有风险的,这种风险注定威胁到社会的稳定①。发展经济学家把不能使大众分享的快速增长称为有增长而无发展的"不道德的""丑陋的"经济增长。由此可见,让占国土面积90%的农村、占总人口70%的农民共享经济发展的成果,重视农村的发展和稳定,对国家和社会的稳定具有极其重要的意义和作用。"省直管县"改革的初衷很大程度上是对早期工业剥夺农业、城市牺牲农村的发展战略的纠偏和补偿,其目的是创造制度条件使县域经济获得快速增长,以缩小城乡差距,实现农村和城市的共享式增长。"共享式增长是一种有质量的经济增长,经济增长质量还包括经济增长是一种共享的、公平的增长,不协调的增长会使经济增长的质量大大下降"②,共享式增长强调增长机会的平等和增长质量的协调,目的是实现社会协调发展,是包括城乡协调发展在内的外延更广的发展模式。

我国的县域在县乡财政困难解决之后,因距离中心城市远近不同或资源禀赋的差异,增长机会也不一样。共享式增长是一种有利于贫困人口的增长,"省直管县"体制改革的重点在于使仍不能获得平等增长机会的县域能够共享增长,而不是改变已经生成的协调的共享式增长。因此,"省直管县"改革不是替代"市管县"体制把所有县域纳入其中,而是看哪个县域直管可以改进共享式增长,可以提高区域范围内共享式增长的质量。

根据共享式增长的理论,我国不同类型的县域有三种发展走向:直管、独立、内化。把直管的名额留给距离中心城市较远、与中心城市经济关联度不大的贫困大县、边远大县、农业大县③,让其在省级范围内共享发展的政治、经济资源;经济实力与地级市相当的经济强县,可以独立升格为市,赋予与地级市平等的发展权利和机会;距离中心城市较近且经济

---

① 〔英〕亚当·斯密:《道德情操论》,谢宗林译,中央编译出版社,2008。

② 罗小芳、卢现祥:《论共享式增长——对我国经济发展失衡的制度思考》,《金融与经济》2010年第8期。

③ 对于边远、贫困的小县,可以合并后再直管。

关联度较强的县可以继续在"市管县"体制下发展，也可以内化为中心城市的区，既可以满足县域与城市协同发展的要求，又可以拓展城市发展的空间，使城乡资源相互渗透，实现协调发展。

第二节　"省直管县"体制改革持续推进的新要求

马克思主义的城乡融合发展理论、西方经济学家的城乡关系理论，以及中国共产党人的城乡关系理论都一致认为：城乡协调发展不是靠市场的力量就可以办得到的，政府的制度供给和政策偏好发挥着重要的主导作用，"农业支持工业"的城市优先发展的结果已经充分证明了这一点。习近平总书记强调，真正的改革都要涉及权力和利益结构的重大调整，这就决定了改革的成败不是轻而易举、唾手可得的，要敢于啃硬骨头、敢于担当，面对改革中的重大问题，决策者的勇气比智慧更重要。在搞清楚"省直管县"改革的目标、问题和走向的前提下，坚持改革的初衷和方向，使改革走出"困境"并持续推进，既需要顶层授权的支持，又需要地方探索的勇气和学界研究的智慧，三方就改革达成的共识是推动改革前进最重要的力量。

一　顶层授权、支持和包容地方政府创新

"省直管县"体制改革是统筹城乡发展的重要制度供给，其最初起源于地方，而后被顶层认可并屡屡发出信号鼓励地方尝试改革，所以"省直管县"体制改革是地方创新、顶层支持的一项行政管理体制改革。目前，改革进入深水期，攻坚遇阻、出现停滞，诸多专家呼吁"地方可供探索的空间已经不多，需要中央的顶层设计"，可自从 2013 年 11 月 12 日党的十八届三中全会再次强调"有条件的地方继续推进省直管县体制改革"以来，中央没有再在重要会议或文件中给出支持改革的明确信号。

顶层设计，一般是指来自中央政府的问题解决方案或制度设计。任何一项改革创新都是上下层政府互动的结果，顶层设计的必要性在于可以站在更高的位置上，"对全局有比较好的把握和了解，这是下层所不及的。当需要

有一个整体性的全局性的规范时，也只有上层能够承担这一使命"①。但是，顶层设计也存在局限性，不能依赖和夸大顶层设计的作用。首先，顶层设计者由于不很了解下层的实际情况，制定出来的方案不一定是可行的，一旦不可行的方案付诸实施，将会造成严重后果。其次，顶层出于自身利益的考虑，缺乏对地方改革方案进行设计的动力，因为一旦设计出不合适的改革方案，等执行不下去或执行后产生比较糟糕的结果时，会削弱顶层的权威。

顶层设计固然重要，但一切创新都是地方的，地方政府的首创精神更重要，正如约翰·奈斯比特所述："不论纽约和华盛顿是如何自高自大，几乎没有什么东西是发源于这两个地方，……，新的思想和新的趋势都始于坦帕、哈特福特、圣迭戈、西雅图和丹佛等城市和地方，而不是始于纽约和华盛顿。"② 地方政府由于在实践一线，因此对地方产生的问题最先感知且最有压力，压力推动地方政府寻找新颖的方案去解决问题，于是地方创新就产生了。例如，我国农村在温饱问题的压力下创造出来的家庭联产承包责任制，地方政府在机构臃肿、扯皮、财政压力大的情况下创新大部制改革等。地方创新如果被中央顶层所认可，并由中央改良后加以推广，将产生很强的生命力，若没有被中央顶层关注，甚至被顶层否定，这种创新往往短命如昙花。改革创新一般是在顶层与地方的互动中逐步完善的，"地方首创往往可以成为顶层设计的来源，反过来，顶层设计可以为地方创新提供方向和基础"③，二者相辅相成。

"省直管县"改革承担的战略任务决定了改革不是轻而易举就能成功的，改革涉及地方政府间政治权力、财政权力的重新分配和建立区域经济和社会事务的合作机制，一定会面临最困难的问题所造成的最艰难的局面，这对于中央顶层和地方政府来说都是一个巨大的考验。出于对中央顶层利益和权威的考虑，把攻坚阶段的所有难题都交给中央顶层去设计，不现实也不合理。但对于超越地方政府权限的地方政府改革创新问题，如垂直部门管理问题、司法体制问题等，中央顶层必须肩负起为地方政府创新

---

① 竺乾威：《政府管理创新若干问题的思考》，《中国行政管理》2012 年第 2 期。
② 〔美〕约翰·奈斯比特：《大趋势》，梅艳等译，新华出版社，1984，第 2 页。
③ 竺乾威：《政府管理创新若干问题的思考》，《中国行政管理》2012 年第 2 期。

把握方向和授权尝试的责任，并对地方创新的成功案例及时给予肯定和支持，对地方创新的失败给予包容，激发和鼓励地方政府创新的激情和勇气。社会制度正是在不断地解决老问题，又不断地产生新问题，在中央顶层和地方政府的持续互动中完成进化和变迁的。习近平总书记曾深刻指出："改革是由问题倒逼而产生，又在不断解决问题中得以深化。"[1] "省直管县"改革是国家统筹城乡发展战略制度体系中的一项制度供给，"省直管县"改革难题的解决很可能成为解决其他改革问题的契机。例如，建立省以下政府间财权与事权相匹配的财政制度、建立区域内的政府合作与资源共享机制，这些触动利益较大、复杂度和难度系数高的问题，即使不进行"省直管县体制"改革，也是实现区域经济协调发展和地方治理现代化不可回避的问题。

因此，对处于"困境"和"攻坚"阶段的"省直管县"体制改革，来自中央顶层的肯定信号或问题回应会给予地方莫大的支持和鼓励，相反，顶层的沉默也会挫伤地方改革的勇气。例如，河南省"省直管县"改革报批中央成立法院、检察院分院的报告，2015年初就已呈送给中央，目前还没有得到回应，这种信号让河南省感觉到改革"遇冷"，导致河南省的改革现在处于"左右为难"的状态。

二 地方政府职能切实发生转变

地方政府是改革的实践者，地方政府的发展理念、职能转变和政策偏好对"省直管县"改革的推动速度和推进程度起着决定作用。

"省直管县"改革向前推进首先要求地方政府树立正确的发展理念。我国长期以来执行的"行政发包制"和"政治锦标赛"，以及地方政府绩效考核"唯GDP论"决定了政府的主要职能就是主导经济的排他式发展，地方政府间的关系因缺乏合作的动力而以竞争为主，地方政府受制于上级并只对上级负责，横向和下级的监督及制约力量弱小且被忽视，基层治理恶化，加大了中央的统治风险。政府层级间事权不是依据公共产品的收

---

[1] 《习近平关于全面深化改革论述摘编》，中央文献出版社，2014，第8页。

益、溢出范围和公共服务的质量维度来划分，而大都依据公共服务可能导致的统治风险的溢出范围来划分，地方保护主义盛行。受"行政发包制"和"政治锦标赛"观念的制约，省、县两级的领导层都担心直管后县域陷入发展空间更小、经济更加孤立的境况，这种担心挫伤了对"省直管县"体制改革向前推进的信心。实践也确实证明，直管后的县域都不同程度地受到了原所辖市的冷落，造成试点县干部晋升渠道阻塞、与原所属市的资源共享机制被割裂、跨越"行政区"的区域合作机制难以建立等问题。

统筹城乡协调发展和国家治理现代化是我国现代社会发展的方向和目标，政府绩效的考核已经从"唯 GDP 论"的"政治锦标赛"时期转变到政治、经济、社会、环境、公共服务提供等综合指标体系时期。在经济市场化、市场全球化、信息网络化时代，任何一个区域单元想不与外界合作独立取得发展都是不可能的。打破地域和行政等级的限制，建立起"权利与义务对等、独立与合作并行"的合作型的府际关系是未来政府间关系的趋势。所以，"省直管县"改革要取得成效，地方政府就必须转变狭隘的地方发展观念，在统筹城乡社会和谐发展的大背景下，把职能转变到以法治、高效、开放为宗旨，为经济社会发展提供最优质的服务上来。

省级政府的调控能力与领导者的政策偏好是左右"省直管县"改革推进的程度与速度的重要因素。省级政府的调控能力越强就越适合实施"省直管县"体制。市场经济体制下，市场成为资源配置的重要手段，政府的经济管理与资源配置范围大幅收缩，现代政府的职能主要是为经济发展和社会管理提供服务。对省级政府来说，凡是低一级政府能做的，高一级政府就没必要插手，并且社会管理和公共服务具有针对性和灵活性，由基层政府承担更加高效。这样，省级政府管的具体事务少了，管理的幅度就可以增加，直管县域的个数就能更多。"省直管县"体制改革离不开省级政府的财政支持，省级政府的调控能力是以省级政府的财政实力为基础的。习近平指出，落实统筹城乡发展目标最直接的途径是"加大财政转移支付力度，公共财政向农业地区倾斜，实现基本公共服务全覆盖"①。习近平的

---

① 习近平：《加大城乡统筹发展力度加快社会主义新农村建设》，中国共产党新闻网，http://cpc. people. com. cn/GB/64093/64102/6164187. html，最后访问日期：2007 年 8 月 24 日。

讲话和胡锦涛的"两个趋向"论断都表明公共财政资金向县域，特别是农业大县、贫困县倾斜，是统筹城乡发展的必要举措。省级政府可以根据试点县的不同经济状况调控财政转移支付资金，但首要的着眼点应该是县域的基础设施和基本公共服务均等化的要求，因为这是县域吸引人才和资本的重要条件，也是统筹城乡发展的基本要求。

三　学界研究开阔视野，长远规划

"省直管县"改革的目标在不同的发展阶段具有层次性，随着经济社会向前发展，"省直管县改革"的目标越来越多元，层次也越来越高，最终内嵌于城乡协调发展和地方治理现代化的框架之中。地方治理现代化是以城乡协调发展为前提，但几乎与其同步实现的，地方治理现代化的框架比城乡协调发展的框架大，为了研究内容的具体化，本书的框架限定为城乡协调发展。以前学界的研究基本上是根据"省直管县"改革的阶段把省直管县改革的目的限定为解决县乡财政困难、促进县域经济发展、重构省市县的权力关系、重建区域治理体系、统筹城乡协调发展等一元或多元方面，2010 年之后，描述改革目标最多的两个词就是"促进县域经济发展"和"统筹城乡发展"。目标的层次不同，制度设计方案的高度和着眼点就不同。多元目标产生了令人眼花缭乱的问题和方案，最终却不知道什么才是核心问题、什么才可以被纳入可行方案体系。因此，学界应该站在省直管县改革促进城乡协调发展目标的制高点，俯视改革牵涉的主体和关系，找出改革的主要问题和难题并给出政策建议，才可以为改革的推进提供智力支持和信念支撑。

| 第五章 |

基于城乡协调发展的"省直管县"
改革政策建议

城乡协调发展不是一个短期内就可以实现的发展战略,"省直管县"体制改革也不是一蹴而就的事情。"省直管县"体制改革必须坚持"促进城乡协调发展"的目标方向,在不断探索中推进改革。因此,"省直管县"改革的政策方案设计,必须既立足于现实的改革"困境",又要面向未来,进行长期规划。本书以促进城乡协调发展的目标为基,以当前改革面临的"困境"为点,以机构设置与人事干部管理、财权与事权划分、区域合作与资源共享三个本质问题为轴,以财政、行政同时直管的"行政省直管县"体制为载体,构建出"省直管县"改革的政策建议框架,以期为困境中的"省直管县"改革向前推进提供动力和智力支持。

第一节 直管县机构设置与人事干部管理政策建议

一 以"大部门制"为方向进行机构设置

"行政省直管县"改革赋予了试点县等同于地级市的经济社会管理权限,但要履行这些权限,县级政府明显存在人力、物力、能力的不足。能力可以根据工作和业务需要通过培训等方式后天习得,也可以在工作实践中慢慢锻炼,所以能力问题是暂时的,不是主要问题。尽管大多数学者提出了垂直部门管理的问题,但笔者认为,垂直管理可以由省级部门协调解决，常用的方案是由"垂直到县"变为"省垂直到县"。人力问题在中央严格控编的政策条件下，增加编制几乎是不可能的事，按道理来说，下放那么多权力，中央应该坚持特殊问题特殊处理，开辟绿色通道为直管县增加一定的编制，在此不能成行的前提下，启动县级政府机构的"大部门制"改革成为解决人力问题的首选方案。直管后，县域机构设置的另一个关键因素是物力，也就是与下放的权力履行相对应的机构场所和设备工具。对于下放的审批权基本不用增加机构设置，由于我国政府"条状"的"职责同构"特点显著，大部分下放的事权可以找到对口的机构行使，因此，"非条状"到县的、具有执行性且对人力、物力有刚性要求的事权成为机构设置面临的重点问题。人力不足与机构精简问题可以借鉴安徽宿松县和浙江富阳县的"大部门制"改革，对于"非条状到县"的、平台建设投资大、使用效率偏低的机构，考虑到行政成本和效率问题，需要和其他行政区域共享才能实现，这个问题将在公共资源共享部分进行讨论。

（一）宿松试点的"大部门制"经验借鉴

安徽省"行政省直管县"改革过程中，试点县内行政机构及时启动了与"省直管县"体制相配套的"大部门制"改革，很大程度上克服了由于权力下放导致的人员编制不足问题，而且避免了部门间的推诿扯皮，提高了县级部门的行政效率和综合治理水平。例如，宿松县以"便于统筹协调"为原则，综合设置社会管理、执法监督、公共服务等机构：围绕食品安全监管问题，整合工商、药监、质监等部门，合并为县"市场监督管理局"；整合党史研究室、档案局和地方志编纂委员会办公室，组建"县史志档案局"；跨乡镇组建"湖泊管理委员会"，对100多万亩的水面、滩涂资源进行协同治理；整合城管、国土、住建等部门及乡镇站所的执法部门组建"城乡规划建设综合执法局"；整合政府资源，建立行政审批、建设工程招投标、政府采购、效能督查、公共资源交易、政务公开"六位一体"的综合性政务服务平台等。[①]

借鉴安徽省的"大部门"制，根据下放的权力类型进行分类后，寻找

---

① 中共宿松县委党校课题组：《安徽省省直管县改革实践研究——宿松县试点实证分析》，《理论建设》2014第4期，第5—10页。

对口的大部门进行合并。实在无法对口的业务，如果重新设置成本较高且利用效率不高，可以考虑与其他行政区域的资源进行共享，切实不能共享的，只有以"最少的人和机构干好最多的事"为原则新设机构，省政府对此应给予财政补贴。另外，改革省份可以在实行"行政省直管县"初期，在省级层面成立"直管县工作委员会"这一专门机构，督导和协调直管县的机构设置工作，待对接顺畅后可以撤销，如有必要也可以长期保留。

（二）富阳县矩阵型"大部门制"经验借鉴

浙江富阳县的"大部门制"改革是我国县级政府机构改革比较成功的案例，其改革目的和方案设计都不同于广东顺德、湖北随州、陕西黄龙的大部制改革。富阳县"大部门制"改革不是由于财政拮据被迫进行的，而是为了克服部门林立、各自为政、沟通困难、协调性差的弊病，实施之后达到了既节省行政成本又提高行政效率的效果。富阳县矩阵式的"大部门制"既解决了县级层面机构横向协调的问题，也解决了困扰其他改革县的上下级机构对应问题，其成功经验值得借鉴。富阳县大部门制的特点和内容具体如下。

1. "动职能，不动结构，职能结构不联动"的"神变形不变"

"动职能"就是和其他县的做法基本一样，通过"合并同类的方法把职能相近的部门重组到一个'大部门'"里，"不动结构"就是"大部门"里机构成员的原有结构不动，保持与上一级部门机构的对应，当地领导称其为"神变形不变"。富阳县的"大部门制"改革吸取了顺德等地"职能、结构联动"造成上下级纵向机构不对应，从而降低上下层级政府间效率的经验教训，采取"动职能、不动结构"的巧妙方法既达到了整合县级职能部门和提高工作效率的目的，又保障了县级机构与上一级政府机构沟通的效率，使纵横两个方向达到了协调。

2. 建立"5 + 15"模式的领导和协调机构

"5"是指四大班子形成5个领导小组，对县域的重大事项进行领导和协调，具体为：工业化战略推进领导小组、城市化战略推进领导小组、作风建设领导小组、监督管理委员会及决策咨询委员会。[①] "15"是指在县级

[①] 竺乾威：《地方政府大部制改革：组织结构角度的分析》，《中国行政管理》2014 年第 4 期。

政府层面成立 15 个专门委员会①。专委会是一个由相应的局牵头、相应的办为成员、相应的副市长任领导的在横向层面发挥协调实权，在纵向层面为虚设的亦实亦虚的特殊机构。

富阳市"亦实亦虚""神变形不变"的矩阵型"大部门制"改革以较小的成本实现了行政机构的顺畅运转，其经验值得直管县域的行政机构改革借鉴。

二　人事管理制度形成畅通的干部晋升通道

县级干部是县域经济发展的主导者，是县域公共事务的管理者，也是县域公共服务的直接提供者，正如温家宝同志所述，"农村的发展，县委、政府是关键"。人事管理是"行政省直管县"体制改革的核心问题之一，直管县人事管理制度的核心就是确定直管县干部交流渠道和晋升机制的制度。直管后，直管县干部手里有了更大的领导县域经济发展的自主权，直管县干部是影响直管县经济社会发展最强的内生力量，如何把县级干部的正向动力激发出来，用好、用足手中的权力促进县域的发展是关键。周黎安认为，中国的政府官员处于一个非常封闭的"内部劳动力市场"，职位晋升的激励作用远远超过财政收入，这种晋升激励比财政和行政分权带来的激励更为持久。② 因此，县域能否治理好，关键在于能否通过正确的激励措施把县域官员"协助之手"的作用发挥出来。

"行政省直管"后，原所辖市失去了对直管县的管理权，也阻塞了直管县干部在原所辖市范围内交流的渠道；直管县干部与省厅部门的干部因为存在级差和工作性质不同而交流困难，而且省厅更倾向于在其部门内部提拔干部；直管县与其他县的平行交流既缺乏激励性又存在区域排他性。由于直管后旧的干部交流渠道被堵塞，新的交流渠道又不畅通，在直管县

---

① 15 个专门委员会分别为：计划统筹、规划统筹、公有资产管理运营、土地收储经营、体制改革、社会保障、工业经济、环境保护、重大工程建设、城乡统筹、社会事业发展、现代服务业发展、招商、信息化工作以及运动休闲城市委员会。富阳市通过专委会组建形成了横向上的大计划、大财政、大国土、大商贸、大三农、大工业、大规划、大建设、大环保、大交通、大社保、大监管"十二大"工作格局。

② 周黎安：《行政发包制》，《社会》2014 年第 6 期。

干部中引起一片骚动。在河南省"行政直管"后的第一次直管县领导干部交流会上，几乎所有的直管县干部都剑指干部交流问题，甚至疾呼：直管县干部的出口问题不解决，直管县就会变成"死水一潭"。所以，直管后，直管县干部的交流晋升问题必须尽快解决，而且要解决好。直管县干部交流与晋升管理有以下几种方案可以参考。

（一）"高管 + 高配"或整体升格：在省级范围内进行交流

高管是指直管县正处级以上的干部全部归省委管理，高配是指直管县干部在低的职位上却可以获得高的职级。"高管 + 高配"方案就是通过把直管县主要领导干部高配为副厅级，特别优秀者甚至可以高配为厅级之后，在省委组织部的管理下，在整个省域内的地级市或省厅局之间进行交流，正处级以下的副职干部也可以通过低职高配在直管县内部交流。这种交流方式的优点是交流渠道广、晋升空间大，是比较受欢迎的。但是这种方式会增加干部成本，还会与中央干部限编限配的规定相冲突。据测算，像 100 万左右人口的直管县，干部整体高配一级的成本大概为 100 万，部分高配的成本较低。中央应该考虑到在统筹城乡发展的战略任务下，县域发展和县域治理的难度很大，高配干部所增加的成本与由于正确激励带来的县域经济社会增长的效益相比微不足道；另外，中央干部限编限配的规定也不是一点都不能突破的，需要的时候就不能死守限定。

（二）职务与职级并行：在直管县范围内交流

为了提高基层公务员工作的积极性，2014 年 2 月中央召开的全面深化改革领导小组第七次会议指出，在县以下机关单位建立公务员职务与职级并行的制度，这个制度为直管县干部的内部晋升打开了渠道。职务与职级并行的弹性晋升制度可以让优秀的干部在职位没有空缺的情况下同样得到职级的晋升，但不能解决正处级以上的领导干部的晋升问题。

（三）动态升格：在直管县之间进行交流

动态升格是根据直管县经济社会发展的综合指标考核情况，把考核优秀的直管县升半格或一格的奖励方式。这样，直管县就有处级的、副厅级的甚至还有正厅级的，直管县之间就形成了级差、拉开了级差，干部也可以根据这种极差在直管县之间交流或实现直管县干部的就地晋升,这种方式最能激发直管县干部的积极性,但也可能造成直管县的竞相升格。

(四)指标、职位限定:在原所辖市范围内进行交流

由于人脉和距离的关系,直管县干部更愿意在原所辖市范围内进行干部交流,这种交流方式还方便直管县与原所辖市或市内所辖的县域进行区域合作,但这个渠道的开通必须由省级层面主导,由省委组织部委托并要求地级市预留指标和规定范围内的职位给直管县,或者省委组织部按一定程序实现这种交流。例如,地级市首先要按指标数量提供职位报省委组织部,然后省委组织部审核职位是否合适(不合理的话与地级市协商调整),最后省委组织部选拔省直管县干部到地级市任职。

对于干部交流和晋升问题,省委层面应该认识到统筹城乡发展的战略任务和基层治理的重要性,治理一个广域型的县域不比治理一个城市轻松多少,甚至面临的压力更大。为了调动直管县干部的积极性,省委和国家层面都应该支持县级领导干部的高配,而不应狭隘地局限于干部编制限制而影响了县域领导的积极性,要支持优秀的县域干部脱颖而出。

第二节　科学划分地方政府间的事权、财权

一　以"公共服务统筹权上移、公共资源配置权下移"为方向

财权、事权的划分与匹配问题是"省直管县"改革要解决的第二个重要问题。1994 年的分税制改革解决了中央与省的财权划分问题,而省以下各级地方政府之间的财权划分,好像被省政府作为"自己家里的事"一样,一直都没有进行。事权划分是财权划分的基础和依据,而我国的事权划分没有一个可以依据的责任标准,长期以来都比较随意,导致目前省以下财权划分一直不清晰。我国省以下事权与财权的不匹配关系主要包括以下几点。①"事权下移、财权上移"为总趋势。在我国的政府层级结构中,越是上一层级,可以支配和调控的财政资源越多,但是具体管理的业务却最少;越是下级,可以支配的财政资源越少,而管理的具体事物越

多，这种财权与事权的不匹配导致许多基层政府如果脱离了转移支付，行政机构就无法运转，更谈不上为居民提供公共物品和公共服务。②县乡财政承担了县域内诸多外溢性公共产品和服务的提供，如教育、社会保障、公共卫生、环境保护、流域管理等，使县乡财政不堪重负，面临危机。③县域内税基小、税种少、地方税系不完善，县级留成比例小；来自上级的转移支付、专项转移支付的比重太大，地方政府配套压力很大。

统筹城乡发展，政府必须为农村的基本公共服务承担兜底责任，应该让更多的资源下沉到县。因此，"省直管县"改革的事权划分，最重要的一条就是要把县域基本公共服务提供的统筹权上移到省，由省级财政负责支出；把对公共资源配置的权力下放到县，由县级政府根据民众的偏好来配置资源，达到效率的最大化。

二 以"公共物品提供的层次性和受益范围"为依据

财权的划分要以事权的划分为基础，事权的划分要以责任为基础，这种责任就是提供公共物品和公共服务的责任。哪一级政府承担什么样的事权是由公共产品或公共服务空间外溢的范围确定的，也就是公共产品的层次性，如国防这种公共产品就应该由中央政府来提供。以责任的边界划分事权，以事权为依据划分财权，权、责必须是一致的。"省直管县"改革的特点是放权，"放权"不同于"分权"，"放权"的依据是"你能不能做，愿不愿做"，分权的依据是"你该不该做"。"省直管县"体制下的放权，不管是该不该做还是愿不愿做，只要是下放的权力，直管县就只能被动地接受。这种放权完全是根据省级政府的判断进行的，而且随着事权的下放，责任也下放到了县级，县级政府成了"无所不能"的全能政府，压力非常大。直管后，试点县的工作量大幅增加，而在中央严格控编的政策条件下，增加编制几乎是不可能的事，试点县各部门感到人手明显不足，"5+2""白加黑"式的加班工作已成常态。此外，现在许多重要的事情需要直管县干部做决策，责任感重了，工作难度明显增加，压力也变得很大。

以控制职能为主的政府层级"职责同构"的条状结构不打破，政府间事权的合理划分就不可能进行，政府职能就不可能发生真正转变，造成的结果是各级政府啥都管，但因为精力有限，结果啥都管不好。当前随着社会的发展和转型，借助网络化等现代办公技术和便捷的交通，我国政府的职能也已经由"控制"型转变为"控制—服务"型，省级政府管理的事情应该越来越少，所以管理的幅度可以逐渐增大。省级政府应该以直管为契机，建立"职责异构"的纵向层级事权划分体系，真正把县、市政府作为平等的个体，在省—市、县政府间以法制化的形式进行分权。浙江省的"财政省直管县"能够取得成功的关键是在实行之前启动了"省内分税制"。首先对省以下各级政府间进行了明确的财权与事权划分，没有建立在"分权"基础上的"财政省直管县"改革都是有名无实的，没有取得显著的效果是一点都不意外的结果。分权问题是"省直管县"改革最核心最重要也最困难的问题，可以说，如果以"省直管县"改革为契机，建立我国事权分配合理、财权与事权相匹配、责任划分明确的权、责、利清晰的分权体制，"省直管县"改革将成为我国行政体制改革史上取得的最辉煌的成果。

三 以"城乡协调发展的帕累托改进"为目标

按照国家统一和安全的需要及公共产品和公共服务提供的层次性，以公共产品和公共服务提供效率的最大化为目标，依据政府增量财政过多地向农村倾斜可以实现统筹城乡一体化发展的"帕累托改进"原理，本书把"行政省直管"体制下不同层级政府间财权、事权划分的建议概括为四个方面。

（一）明晰省级政府与市、县政府间的财权、事权划分

省级财政主要负责省域内的经济结构调整、跨区域的环境生态保护、河流流域管理、省级机关及省管事业单位的行政运转、省级到地方的各种转移支付、救灾救济、义务教育和公共卫生等支出，为县域的基本公共服务全覆盖承担兜底责任；市、县级政府负责本辖区的社会安全、行政管理、公用事业管理、部分教育支出、社会保障支出和基础设施建设支出。

（二）完善和落实县级基本财力保障机制

国务院办公厅 2013 年 3 月转发的财政部《关于调整和完善县级财力保

障机制的意见》，明确了省级政府是保障县级政府财政的责任主体，是对县级财政能力的进一步完善，强化了省级层面的财政责任。

（三）借鉴浙江省的"省内分税制"，改革和完善地方税制

依据事权划分，计算各层级地方政府的支出需求，依据现行税制计算各层级地方政府的收入来源。按照这两类数字重新设计和调整地方税制，合理划分各级政府的征管权限、征收税种、留成比例等，在省级保有一定量的调控资金的基础上，使各级政府的收入、支出达到均衡，这是保证省直管县财政体制改革有效推进的重要举措。重新设置省税和县税，税基宽、收入稳、流动小的税种作为县级的主体税种，改变了过去因县与省、市共享税过多而削弱县级税基和县级没有主体税的局面，还要适当提高县级政府税收的留成比例。

（四）调整一般与专项转移支付的比例，减轻专项支付的地方配套压力

财政转移支付制度，是政府利用集权与分权手段调节地方财政收入差距的制衡机制，其作用"不仅在于弥补财政缺口，同时还是实现纵向均衡和横向均衡的重要手段，……，以公共服务水平相对均等化为目标，使地区间财力差距保持在合理的区间"[1]，财政转移支付也是我国促进城乡协调发展的最直接的政策手段。财政转移支付分为一般性财政转移支付和专项财政转移支付两种，一般性转移支付无须配套而且调用灵活方便，专项转移支付不仅灵活性差，而且需要县级财政配套，因此县级财政比较偏向于一般性转移支付，而不大欢迎专项转移支付。尽管专项转移支付可以约束县级政府的财政行为，但其所占比例过大，不仅增加了县级财政的压力，而且降低了资金的使用效率。正如许多干部所述，专项资金看着是钱，却不好用，用它不仅要挤占县财政的钱去配套，还可能投到不需要投那么多钱的领域，造成资金浪费。县级政府最了解居民的偏好与需要，所以应该把更多的财政分配权留给县域，因此，不但要适当降低专项转移支付在转移支付中的比重，还应降低专项转移支付的配套比例；或者对于中央专项转移支付的资金，省级政府要帮助县级政府承担一定的配套比例。

---

[1] 顾建光：《改进我国财政转移支付制度研究》，《公共管理高层论坛》2008年第1期。

第三节　建立区域经济合作与公共资源共享机制

根据马克思及中国共产党人的城乡观，城乡协调发展包括两方面的内容：一个是趋同，一个是合作。趋同是指城乡居民的身份、权利、机会平等，生活水平、公共设施与服务水平大致相当；合作是指两者优势互补，实现交错式的共同发展。趋同是合作的基础，合作可以促进趋同。现代市场经济条件下，各级政府间既相互独立又相互协作，依据市场规则在竞争与协作中实现共同发展将成为常态，这要求不同行政区域间、不同层级政府间要淡化行政隶属边界或等级观念，克服"行政发包制"下"行政区经济"垄断式发展的痼疾，在个体平等的基础上建立区域间、政府间纵横交错的经济与社会合作伙伴关系，建立基于契约的不同行政区域间公平有序、互惠互利的公共资源共享机制，降低公共资源的支出成本，提高资源配置和利用的效率，促进区域经济的共同发展。"省直管县"改革实现了市、县的并立，保障了城乡居民基本权利和发展机会的平等，平等的目的并不是城乡对立，而是为城乡区域间公平的竞争与协作创造前提。

一　以平等互惠为基础进行区域经济合作

"省直管县"体制改革，若不能建立有效的区域经济合作机制，将置直管县于孤立的境地，从而抑制直管县的发展，这将与改革的初衷背道而驰。直管后，直管县与其他行政区有效的区域经济合作要以依托市场机制为主，以依托省级政府为协调者提供合作规则、仲裁服务等为辅，建立相邻区域之间经济协调与合作的机制。这样既可以实现跨县域公共产品外溢效应的内部化，又可以减少县域之间的交易成本，实现县域之间的协作发展。

区域协作的模式，在国际上可以借鉴美国大都会区政府的协调管理模式，法国的都市共同体、市镇联合体以及跨市镇合作委员会管理模式，俄罗斯的跨地区协调组织；在国内可以借鉴长三角、珠三角经济区的政府间自主协调合作模式，长株潭城市群的省级政府派出机构协调模式和新疆维吾尔自治区乌昌一体化的联合党委领导下的协调模式。直管县与其他行政区域的协作一般发生在省域内，所以可以借鉴中原城市群8市34县的组团发展模式和成都市的"逆城市化"模式。

（一）直管县组团发展模式

县域经济组团发展是指县域间打破行政区划限制，以一定的资源整合和利益分成机制为基础，构建相邻县、市域间经济发展的分工与协作关系，达到合作区域内各行政区共同发展的区域经济发展模式。例如，以漯河市双汇集团为核心，形成了覆盖临颍县、舞阳县、西华县、西平县、上蔡县、襄城县、扶沟县在内的无公害蔬菜生产、粮食饲料加工、生猪养殖、肉产品加工的产业链，带动了漯河周边几个县的经济发展。

县域组团一般需要以下几个条件。①前期省级政府协调组织，后期县级政府协商运行。在组团前期，参与合作的县级政府由省级政府组织起来并协调合作关系，建立起包括利益分配机制、资源整合机制、监管监督机制、政府考核机制等方面的协作机制，给予资金、政策或技术扶持，县域组团运转正常后，政府则退场，转变为由县域借助市场工具主导县域间的产业承接、企业集群和产业融合等经济合作。②存在统领组团发展的极化区。极化区与其他区域相比，具有技术创新优势和产业基础优势，是县域组团发展的引领者和窗口，极化区凭借自身优势，居于县域组团的主导地位，可以成为政府缺位情况下县域组团发展的协调者。③县域间产业基础相似或形成产业链。组团内各个县域的产业相似，易于形成产业发展的规模效应，增强产业优势和市场竞争力；产业链的互补既可以实现产业分工、合作的集群效应，又可以大大降低各环链间的交易成本。④形成了联结组团县域的网状交通格局。组团县域之间应该以公路或铁路为主，形成两小时以内的交通圈。因为县域合作多以实体生产为主，不能通过现代化的网络技术与信息交换实现。因此，交通的便捷性成为生产要素在县域间频繁流动的必要条件。

（二）"逆城市化"模式

"逆城市化"模式是成都市城乡一体化发展实践的制度创新，就是把城市多余的资源，结合农村的产权改革，吸引城市多余的资金投入农村，改良农村的基础设施，提高农村的公共服务水平，同时也实现了城市资金效率的最大化。这是城乡渗透交错式发展的典型模式。

浙江省的改革在马上就要进入"行政省直管县"阶段时却戛然而止，与区域内缺乏经济合作的机制有很大的关系。县域独立后经济发展突飞猛进，但发展到一定程度就遇到了产业升级、规模经济的瓶颈，这仅仅靠县域的单打独斗是很难完成的，正是县域多年的独立侵蚀了县域的合作意识，而"财政省管""行政市管"的扯皮使地级市和省级层面都没有动力去主导县域的合作，阻碍了浙江省的县域经济再上台阶，浙江省失于"财政省直管"的事实造成了现在进行"行政省直管"改革的犹豫，担忧全面省直管后的县域更加孤立。其实，浙江省早已经达到迈入"行政省直管县"的条件，而且县域面积小，实行"全面省直管"也在省可调控的范围内。实行"全面省直管"，在省政府的主导下实现县域的抱团发展是破解浙江省县域经济发展瓶颈可以考虑的一个选择。

二　以效率为原则建立政府间公共资源共享机制

行政权力特别是事权的履行需要借助一定的资源平台进行。直管后，地级市没有义务也不愿意再为直管县提供平台服务，一些只在地级市设有平台的行政事务因县域平台的缺失无法履行，这是直管后立刻摆在直管县面前的难题。例如，公安系统的刑侦技术平台、大数据平台，电梯、锅炉等特种设备的安全监测平台等。直管县如果重建这些平台，一需要时间，二需要资金，三需要人才。据测算，搭建一套平台至少需要资金4000万元，一些技术性的资源平台投资大、轮空性强、规模效益高，如果在县域建设，一旦使用频率较低，则全部建设既浪费财力又浪费人力，建立与其他市、县的公共资源共享机制迫在眉睫。直管后的公共资源共享机制建设有以下几点建议。

（一）邻近区域内资源的优先共享

为了节约资源，警察服务、司法服务、公共信息平台和流域管理（水资源、消防、交通运输等）等服务都可以在邻近地方政府间通过一定的机制进行共享，用于节约资源。根据我国的行政体制和制度以及人脉业务的熟悉程度，直管县的资源平台适合在原所辖市范围内实现共享，如重大刑事案件移交中级人民法院和二审移交市检察院的司法业务在原所辖市范围内共享，但为了考核和晋升的公正，财权和人事权统筹到省级层面进行管理。

（二）建立"使用者付费、提供者负责"的共享机制

按照公共服务消费的原则，不在同一个公共财政体系内享受公共服务是需要付费的，所以直管县共享地级市的资源应当承担一定的费用。根据公共服务的性质，费用可以由直管县承担，也可由省财政承担。地级市在服务得到补偿的前提下，必须按照契约履行向直管县提供资源共享服务的责任。为了激励和监督地级市提供共享服务的质量，省级部门可以将地级市对直管县履行的公安资源共享、技术平台提供、司法业务受理等共享服务的数量和质量纳入省级部门对地级市的考核指标体系中。

（三）倡导公共服务提供社会化

公共服务的社会化提供既可以降低公共服务的成本，又可以实现公共服务类型的多样化。政府可以通过社会公共服务供给网站，发布公共服务需求信息，向社会购买公共服务，也可以通过公共服务外包的形式减轻政府提供公共服务的压力。

第六章

结论与展望

第一节　研究结论

"省直管县"体制改革是一项经历了多个阶段的行政体制改革，本书在对每个改革阶段的动因、目标进行分析的基础上得出，尽管每个阶段"省直管县"改革目标的表述方式、层次高低不同，但都内含于"城乡协调发展"的框架中，对省直管县改革的研究，出发点和落脚点都离不开促进城乡协调发展的目标，马克思主义城乡关系和城乡协调发展理论对"省直管县"改革的实践和制度设计具有重要的指导意义。"省直管县"体制促进城乡协调发展的制度设计应在马克思城乡协调发展理论的框架内进行。

本书通过对西方学者、我国学者尤其是马克思和中国共产党人关于城乡发展理论进行梳理分析，发现城乡关系都是从不均衡逐渐走向均衡的，城乡关系的最佳状态是城乡协调发展，城乡统筹、城乡融合、城乡一体化等是城乡协调发展的不同表现类型。城乡协调发展不是靠市场经济这只"自由之手"就可以自然形成的，它需要政府的"协助之手"，要以政府的政策供给为主导、体制为保障。"省直管县"体制改革以政府层级理论、政府分权理论、区域经济发展理论为支撑，是促进我国城乡协调发展战略任务的重要制度供给。

纵览众多的"省直管县"改革研究文献可知，如果问题众多、方案各异、结论纷呈、褒贬不一，改革很难达成共识。文章在厘定"省直管县"一系列概念的基础上，挑选东部的浙江省、中部的河南省、西部的贵州省三个省份，对其"省直管县"改革实践的成效、经验与问题进行"解剖麻雀"式的研究，探求共性，分析差异，然后置于"城乡协调发展"的目标框架中进行聚类分析，在对比中寻找"省直管县"改革的本质问题。

对比研究发现，浙江省的"财政省直管县"改革之所以取得了统筹城乡发展的显著成效，得益于其直管后"省内分税制"的财政分权和资源不断向下配置的一系列激励机制。浙江省目前的问题在于市县之间和县县之间的"独立有余、合作不足"，各个县域单打独斗，缺乏合作的机制，违背了城乡协调发展理论中城乡互相渗透、优势互补、共同发展的规律。浙江省"财政省管"与"行政市管"的扯皮，使省级层面和地级市缺乏通过主导和协调区域协作发展县域经济的动力，阻滞了浙江省县域经济的量上上规模、质上上层次和产业升级。浙江省较小的省域面积是实行"行政省直管"得天独厚的优势，因此，浙江省改革的出路应该是毫不犹豫地过渡到"行政省直管县"体制，在省级层面的主导下，实现区域合作，完成县域产业的扩大升级，进一步缩小城乡差距，使城乡统筹发展的水平再迈新台阶。

2014 年，河南省 10 个试点县全部实行"行政省直管县"体制，改革的力度在全国各省份首屈一指。但是由于准备不足，直管以来问题百出。试行 3 年，没有达到预期效果。河南省从"计划单列"仓促过渡到"行政省直管"有 3 个原因：一是"单列阶段"省、市、县之间行政、人事关系的各种扯皮让省委头疼；二是河南省委领导的政策偏好；三是河南省"济源模式"的示范效应。但济源模式是不可复制的，就像浙江模式是不可复制的一样。河南省的"行政省直管"体制运行遇到了 3 个主要难题：直管县干部晋升渠道被堵、县级政府行政资源严重不足、与省辖市共享的公共资源平台断裂。这三个问题恰恰是"省直管县"改革所要解决的本质问题，也正是这三个问题使河南省的"行政省直管县"改革陷入了"进退两难"的境地。

对贵州省市、县均不发达的经济发展情况而言，无论实行"财政省直管县",还是"行政省直管县",都没有改变财政、权力资源的分配格局,特别是"行政省直管县"试点改革只是地方政府呼应中央"积极试点"的刻意创新,没有触及改革的本质问题,改革基本流于形式。贵州省的改革成效,最多是提高了地方政府的行政效率,对贫困地区转移支付的统筹权上升到了省级。但在资源禀赋有限、市县均不发达的情况下,贵州省的转移支付是零和博弈,长期来看,对于城乡协调发展没有多大意义。根据马克思城乡融合的理论,城乡融合是以一定的生产力发展水平为基础的,城乡融合都是从不均衡走向均衡的。因此,贵州省当前应该做的不是把诸多县纳入直管,而应该以地级市和较大的边远县为依托,培养数量合适的区域经济的增长极,通过产业发展促进区域经济增长,创造更多的待分配资源;通过转移支付改善贫困地区的基础设施,为县域的内生性发展创造条件。

三省份改革的实践成效表明,"省直管县"体制改革成效的发挥需要借助一定的经济、社会、地理等条件,并不是所有的省份或县域都适合实行"省直管县"体制,无论实行"省管县"还是"市管县"都要依据城乡差异和相互关联的程度相机抉择。

触及本质才会触动利益,触动利益才会遇到难题。全国 1037 个县实行了"财政省直管县"体制,且没有遇到什么难题,只有 49 个县启动了"行政省直管县"改革,却均遇到了各种难题,导致许多试点县的改革要么流于形式,要么戛然而止。这充分说明,只有"行政省直管县"改革才能真正改变国家权力在地方政府层级投射的结构,才会实现国家权力和资源分配的下移,才能实现统筹城乡发展的目标,这才是"省直管县"改革的本质。所以,不是很多地方的"省直管县"改革没有成效,而是很多地方的"省直管县"改革没有触及改革的本质。

在纷繁复杂的各种利益诉求中坚持"省直管县"改革"促进城乡协调发展"的政策初衷与方向,在中央顶层授权、学界和实践层面达成共识的前提下,赋予改革者打破城乡不平等的权力与利益结构的勇气,把改革推向全面"行政省直管县",需要抓住"省直管县"改革的主要问题,并建立可行的"行政省直管县"政策框架体系。

通过对三省份"省直管县"改革的制度设计与成效的聚类分析,本书认为"省直管县"改革的主要问题可以从三个维度来概括：一是人事权问题，二是财权与事权划分问题，三是区域协作与资源共享问题。本书以统筹城乡协调发展的目标为引领，以试点选择为起点，以"行政省直管"为载体，以三个问题为内容，形成了"省直管县"改革的政策建议框架，其主要内容表现为以下几点。①"省直管县"改革是在不损害城市和其他县域利益前提下的增量改革，改革试点的选择应该实现统筹城乡发展的"帕累托改进"，所以应该优先选择农业大县、远离中心城市的贫困县进行直管。②统筹城乡协调发展的前提是城乡居民拥有平等的权利和身份，"行政省直管县"体制才是真正的市、县并立，"财政省直管县"只是权宜之计，实现统筹城乡协调发展的目标，最终必过渡到"行政省直管县"体制。③统筹城乡协调发展的重点在县域，县域发展的重点在干部，所以要在省域范围内建立畅通的直管县干部晋升和交流的机制。④按照"事权与责任相匹配、财权与事权相匹配"的原则进行省以下地方政府间事权、财权的划分，建立权、责、利清晰明确的财政分配体系，改变"财权在上、事权在下"的局势，实现财权和资源配置权的下沉、基本公共服务统筹权的上移，促进城乡基础设施和基本公共服务均等化。⑤根据马克思的城乡融合理论，城乡之间是"扬弃"的关系，要互相渗透、在优势互补中互相合作、共同发展，所以"市县并立"不是"市县对立"或"市县孤立"，而是在市、县地位平等的基础上建立城乡区域间互惠互利的协作关系和公共资源共享机制，实现城乡的共生、协调发展。

第二节　研究展望

从马克思主义者到我国各级领导集体、从国外学者到国内学者，都认识到城乡协调发展是和谐社会建设和国家善治的根基。依据马克思城乡关系发展理论，城乡关系是从不和谐走向和谐的，城乡融合是一个历史发展的过程，其既要满足一定的物质和社会条件，又要遵循政治、经济发展的客观规律。新中国成立初期百废待兴的现实国情，改革开放后优先发展城市和工业的战略政策及市场经济体制下的路径依赖，使我国城乡发展水平越来越失衡，最终形成了城乡发展的二元结构。毋庸置疑，我国以城市带动农村、工业带动农业、优先发展城市的发展战略实现了我国经济的迅猛发展，为社会主义建设奠定了坚实的物质基础。但是在此过程中，城乡二元结构日益明显，其弊端也越来越凸显出来，成为我国社会和谐发展的桎梏，甚至影响了国家的稳定和治理现代化的实现。

依据马克思城乡关系理论，国家发展战略及制度设计是影响城乡关系的关键变量，十六大以来，党中央深刻认识到我国经济社会的发展已经到了从重城轻乡向城乡协调发展的重要拐点，城乡协调发展不是自发实现的，是必须在国家的发展战略和制度改革的主导下才能实现的。"省直管县"改革作为一项旨在促进城乡协调发展的行政体制改革，在理论上是行得通且被广泛支持的，在实践中却困难重重。尽管本书做了大量的调研工作，但由于知识的欠缺和精力、能力的不足，本书的研究还较为浅薄，对很多方面的论证还比较薄弱。例如，论文没有量化的数据去证明为什么要选择农业大县和边远贫困县，也没有就其他县的出路问题做深入论述，但每个县的出口问题关系到改革的公平性和可执行性，"省直管县"改革如果在某几个县表现出较好的效果，是否会将其作为一种基本制度，进而所有的县都进行行政直管，这样会不会给"省直管县"改革太大的压力。此外，在政策框架里只讲了县域以上层面之间的关系处理建议，没有论述县域以下内部架构的问题。例如，县和乡镇、行政村的权力关系如何调整，乡镇怎么发展等。直管县内部的架构属于县域的内生因素，也会对改革的效果产生较大的影响。关于直管县内部架构的问题，论述比较多的有撤乡建镇、乡镇合并等，这些已经在实践中很常见，但有学者建议对于一些强镇，如浙江龙港镇、中山小榄镇应该实行"县辖市"。但这些强镇在县域"母体内"被设为市，本质的改变在哪里？是权力变大了，还是基础设施变好了？如果要扩大权力则完全可以通过强镇扩权，关于这两个问题的一点浅显的想法不敢写入正文，但还是想在这里提出来，为以后的研究抛砖引玉。

"省直管县"体制改革只是解决城乡协调发展的手段之一，城乡统筹还可以依托其他政策去实现。所以，并不是所有的县最终都要省直管，特强县独立升格为市，与城市关联度高的经济强县内化为市的一个区，经济强县大县合并周边的小县，相邻的小县合并后独立等都可以成为县的出路，甚至直管县强大了也可以独立为市。我国的城市有 650 座，根本满足不了城镇化、工业化的要求，像义乌这么强的县独立升格为市，会有什么影响？这些问题都与"省直管县"改革的未来发展状况密切相关，将成为笔者后续研究的兴趣点。

由于各方面因素的限制，本书对"省直管县"改革困境的破解能尽到绵薄之力已经是奢望，但这不但没有削减反而更加坚定了笔者后续研究的决心。后续研究将以前面的问题为着眼点，以理论研究更加系统、实践研究更加微观为原则，在对马克思主义经典作家、著名学者和中国共产党人的城乡关系理论和城乡协调发展观进行系统梳理的基础上，总结城乡协调发展的客观规律和科学路径，并以此为指导，对"省直管县"改革进行细致入微的剖析，力争为改革提出可行且有效的制度方案设计。

参考文献

一 中文参考文献

（一）中文译著

〔英〕阿瑟·刘易斯：《经济增长理论》，周师铭等译，上海人民出版社，1994。

〔美〕艾伯特·赫希曼：《经济发展战略》，曹东海等译，经济科学出版社，1991。

〔丹〕埃里克·阿尔贝克：《北欧地方政府》，常志霄等译，北京大学出版社，2005。

〔美〕B. 盖伊·彼得斯：《政府未来治理模式》，吴爱明等译，中国人民大学出版社，2001。

〔加〕查理德·廷德尔等：《加拿大地方政府》，于秀明等译，北京大学出版社，2005。

〔美〕F. R. 里格斯：《行政生态学》，金耀基译，台湾商务印书馆，1978。

〔美〕F. J. 古德诺：《政治与行政》，王元译，华夏出版社，1987。

〔德〕赫尔默特·沃尔曼等：《德国地方政府》，陈伟等译，北京大学出版社，2005。

〔美〕霍华德：《明日的田园城市》，金经元译，商务印书馆，2000。

〔美〕康芒斯：《制度经济学》（上），赵睿译，华夏出版社，2013。

〔德〕柯武刚等：《制度经济学》，韩朝华译，商务印书馆，2000。

〔美〕刘易斯·芒福德:《城市发展史——起源、演变和前景》,倪文彦等译,中国建筑工业出版社,1989。

〔英〕洛克:《政府论》,叶启芳等译,商务印书馆,1964。

〔德〕马克思等:《马克思恩格斯选集》第1、3、4、18卷,中央编译局译,人民出版社,1995。

〔德〕马克斯·韦伯:《经济与社会》(上下卷),林荣远译,商务印书馆,1997。

〔美〕尼古拉斯·亨利:《公共行政与公共事务》,项龙译,华夏出版社,2002。

〔俄〕《普列汉诺夫哲学著作选集》第3卷,汝信等译,生活·读书·新知三联书店,1962。

〔美〕斯蒂格利茨:《政府为什么干预经济》,黄险峰等译,中国物资出版社,1998。

〔法〕托克维尔:《旧制度与大革命》,冯棠译,商务印书馆,1992。

〔美〕文森特·奥斯特罗姆:《美国地方政府》,井敏等译,北京大学出版社,2004。

〔英〕亚当·斯密:《道德情操论》,谢宗林译,中央编译出版社,2008。

〔美〕约翰·奈斯比特:《大趋势》,梅艳等译,新华出版社,1984。

(二)中文著作

暴景升:《当代中国县政改革研究》,天津人民出版社,2003。

迟福林等:《中国农村改革新起点——基本公共服务均等化与城乡一体化》,中国经济出版社,2008。

迟福林:《政府转型与建设和谐社会》,中国经济出版社,2005。

戴均良:《城乡大转型时期的思考》,中国社会出版社,2006。

傅崇兰:《城乡统筹发展研究》,新华出版社,2005。

范今朝:《行政区划体制与城乡统筹发展——以浙江省当代改革实践为例》,东南大学出版社,2008。

费孝通:《费孝通选集》,天津人民出版社,1988。

顾朝林:《集聚与扩散——城市结构新论》,东南大学出版社,2000。

赫乐威：《美国州政府与地方政府》，台北正中书局，1964。

胡鞍钢等：《中国国家治理现代化》，中国人民大学出版社，2014。

胡康大：《欧盟主要国家中央和地方的关系》，中国社会科学出版社，2000。

康少邦等：《城市社会学》，浙江人民出版社，1985。

贾康等：《地方财政问题研究》，经济科学出版社，2004。

路明：《城乡统筹的理论与实践》，民主与建设出版社，2005。

刘君德：《近现代地方政府比较》，光明日报出版社，1988。

刘京希：《政治生态论：政治发展的生态学考察》，山东大学出版社，2007。

李清均：《后发优势：中国欠发达地区发展转型研究》，经济管理出版社，
　　2000。

刘尚希等：《缓解县乡财政困难的路径选择》，中国财政经济出版社，2006。

林水波等：《跨域治理》，五南图书出版有限公司，2005。

林尚立：《国内政府间关系》，浙江人民出版社，1998。

卢现祥：《西方新制度经济学》，中国发展出版社，1996。

林毅夫：《以共享式增长促进社会和谐》，中国计划出版社，2008。

毛寿龙：《西方公共行政学名著提要》，江西人民出版社，2006。

浦善新：《中国行政区划概论》，知识出版社，1995。

潘小娟等：《攻坚：聚焦省直管县体制改革》，中国社会科学出版社，2013。

孙柏瑛：《当代地方治理——面向 21 世纪的挑战》，中国人民大学出版
　　社，2004。

人民论坛编写组：《大国治理：国家治理体系和治理能力现代化》，中国经
　　济出版社，2014。

邵峰：《均衡浙江——统筹城乡发展新举措》，浙江人民出版社，2006。

沈荣华：《中国地方政府体制创新路径研究》，中国社会科学出版社，2009。

沈荣华：《中国政府改革：重点难点问题攻坚报告》，中国社会科学出版
　　社，2012。

孙学玉：《垂直权力分合：省直管县体制研究》，人民出版社，2013。

田志刚：《地方政府间财政支出责任划分研究》，中国财政经济出版社，2010。

魏后凯：《走向可持续协调发展》，广东经济出版社，2001。

翁君奕等:《非均衡增长与协调发展》,中国发展出版社,1996。

王景新等:《明日中国:走向城乡一体化》,中国经济出版社,2005。

王雪丽:《中国"省直管县"体制改革研究》,天津人民出版社,2013。

习近平:《之江新语》,浙江人民出版社,2007。

宣迅:《城乡统筹论》,四川人民出版社,2005。

徐勇:《非均衡的中国政治:城市与乡村比较》,中国广播电视出版社,1992。

谢庆奎:《中国地方政府体制概论》,中国广播电视出版社,2005。

杨宏:《府际关系》,中国社会科学出版社,2005。

杨雪冬:《地方的复兴:地方政府治理改革 30 年》,社会科学文献出版社,2009。

朱光磊:《当代中国政府过程》,天津人民出版社,2008。

张紧跟:《当代中国政府间关系导论》,社会科学文献出版社,2009。

周克瑜:《走向市场经济——中国行政区与经济区的关系及其整合》,复旦大学出版社,1999。

中南财经政法大学编写组:《中国地方财政发展研究报告》,经济科学出版社,2010。

周庆智:《中国县级行政结构及其运行:对 W 县的社会学考察》,贵州人民出版社,2004。

周淑莲等:《国外城乡经济关系理论比较研究》,经济管理出版社,1993。

赵树凯:《乡镇治理与政府制度化》,商务印书馆,2010。

张曙光:《繁荣的必由之路》,广东经济出版社,1999。

张五常:《中国的经济制度》,中信出版社,2009。

张小林:《城乡统筹:挑战与抉择》,南京师范大学出版社,2008。

周振鹤:《中国历代行政区划的变迁》,商务印书馆,1998。

张占斌:《中国式崛起:县域特色经济与公共服务型政府建设》,中央文献出版社,2005。

张占斌:《省直管县体制改革的实践创新》,国家行政学院出版社,2009。

张占斌等:《城镇化进程中行政体制改革研究》,河北人民出版社,2013。

张占斌:《解析新型城镇化》,经济科学出版社,2014。

（三）论文

陈国权、李院林：《县域社会经济发展与府际关系的调整——以金华—义乌府际关系为个案研究》，《中国行政管理》2007 年第 2 期。

陈国权等：《县级政府行政改革的战略选择》，《公共管理学报》2006 年第 10 期。

曹海军、霍伟桦：《城市治理理论的范式转换及其对中国的启示》，《中国行政管理》2013 年第 7 期。

陈俭：《新中国城乡关系演变的特点及启示》，《河北经贸大学学报》2016 年第 6 期。

岑乾明等：《马克思"城乡融合"理论之"中国化"——毛泽东城乡关系理论与实践探析》，《云南行政学院学报》2012 年第 2 期。

陈云：《国家地方治理新观》，《人民论坛》2014 年第 2 期。

操世元等：《"省管县"体制改革：动因、障碍与对策》，《前沿》2007 年第 8 期。

邓泽洪等：《浙江中小企业发展过程中服务型政府的构建及启示》，《上海经济研究》2004 年第 4 期。

樊红敏：《县域政权建设：双重任务和实现路径》，《领导科学》2010 年第 9 期。

樊红敏：《县政改革：中国改革下一步的关键点》，《中国行政管理》2011 年第 1 期。

樊红敏：《村民自治的发展路径与走向：河南省中牟县白沙镇村治经验及其启示》，《河南大学学报》（社会科学版）2012 年第 1 期。

冯俏彬：《"省直管县"何去何从——基于新型城镇化与行政区划改革背景》，《地方财政研究》2016 年第 2 期。

方卫华等：《浅析省对县行政直管的困境与对策：以公共政策执行为视角》，《南京社会科学》2009 年第 9 期。

顾建光：《苏南（太仓市）发展模式新探——以县域经济为载体推进现代城乡一体化发展》，《上海经济》2009 年第 2 期。

顾建光：《改进我国财政转移支付制度研究》，《公共管理高层论坛》2008

年第 1 期。

胡德等：《政区等级、权力与区域经济关系：中国政府权力的空间过程及
　　其影响》，《中国行政管理》2007 年第 6 期。

贺曲夫等：《省直辖县（市）体制实现的路径及其影响》，《经济地理》
　　2009 年第 5 期。

贺曲夫：《我国县辖政区的发展与改革研究》，博士学位论文，华东师范大
　　学，2007。

何显明等：《浙江精神与浙江现象的文化动因》，《中共浙江省委党校学报》
　　2001 年第 3 期。

何显明：《市管县体制绩效及其变革路径选择的制度分析——兼论"复合
　　行政"概念》，《中国行政管理》2004 年第 7 期。

何显明：《从"强县扩权"到"扩权强县"——浙江"省管县"改革的演
　　进逻辑》，《浙江省委党校学报》2009 年第 4 期。

何显明：《省管县体制与浙江模式的生成机制及其创新》，《浙江社会科学》
　　2009 年第 11 期。

贾康、白景明：《中国地方财政体制安排的基本思路》，《财政研究》2003
　　年第 8 期。

贾康：《财政的扁平化改革和政府间事权划分》，《中共中央党校学报》2007
　　年第 6 期。

贾康：《财政体制改革的反思与对策》，《审计与理财》2007 年第 10 期。

贾俊雪：《财政分权、政府治理结构与县级财政解困》，《管理世界》2011
　　年第 1 期。

姜秀敏等：《我国"省直管县"体制改革的阻力及实现路径解析》，《东北
　　大学学报》2010 年第 7 期。

寇明风等：《省直管县改革的三维视角：历史经验、西方模式与实践问
　　题》，《地方财政研究》2010 年第 3 期。

柯学民：《"省直管县"相关概念辨析》，《行政与法》2014 年第 2 期。

柯学民：《"省直管县"体制改革持续推进研究——基于地方治理的分析框
　　架》，《行政与法》2014 年第 12 期。

黎昌珍：《"省直管县"财政改革的现实挑战：一个理性审视的视角》，《学术论坛》2010 年第 3 期。

罗峰：《从分治到统筹：城乡关系阶段性转型》，《社会主义研究》2008 年第 3 期。

陆军：《省直管县：一项地方政府分权实践中的隐性问题》，《国家行政学院学报》2010 年第 3 期。

罗吉等：《关于城乡联系理论的综述与启示》，《开发研究》2005 年第 1 期。

刘君德：《理性认识和推进"强县扩权"》，《决策咨询》2004 年第 7 期。

刘君德：《中国转型期凸显的"行政区经济"现象分析》，《理论前沿》2004 年第 10 期。

刘君德：《中国转型期"行政区经济"现象透视：兼论中国特色人文、经济地理学的发展》，《经济地理》2006 年第 11 期。

李金龙：《行政区划体制改革：一种现实主义的分析》，《湖南大学学报》2005 年第 1 期。

李金龙等：《地方政府管理体制：区域经济一体化发展的重要制度瓶颈》，《财经理论与实践》2007 年第 1 期。

李金龙、王敏：《城市群内府际关系协调：理论阐释、现实困境及路径选择》，《天津社会科学》2010 年第 1 期。

李金龙等：《"省直管县"的现实可行性：改革的战略性调整》，《甘肃社会科学》2010 年第 3 期。

龙静云：《共享式增长与消除权利贫困》，《哲学研究》2012 年第 11 期。

刘生等：《复合行政：我国中部区域管理之模式》，《中国行政管理》2008 年第 1 期。

刘尚希：《改革成果存续时间是否太短：对"省直管县"欢呼背后的冷思考》，《人民论坛：政论双周刊》2009 年第 28 期。

刘尚希等：《"财政"省直管县改革的风险分析》，《当代经济管理》2010 年第 10 期。

刘尚希：《当前省直管县改革存在的误区》，《中国党政干部论坛》2014 年第 7 期。

刘佳等:《省直管县改革与县级政府财政解困——基于 6 省面板数据的实证研究》,《公共管理学报》2011 年第 3 期。

刘佳等:《省直管县改革对县域公共物品供给的影响——基于河北省 136 县(市)面板数据实证分析》,《经济社会体制比较》2012 年第 1 期。

罗小芳、卢现祥:《论共享式增长——对我国经济发展失衡的制度思考》,《金融与经济》2010 年第 8 期。

刘先江:《马克思恩格斯城乡融合理论及其在中国的应用与发展》,《社会主义研究》2013 年第 6 期。

卢晓蕊:《论"省直管县"体制改革的五大认识误区》,《广东行政学院学报》2013 年第 2 期。

林毅夫、刘培林:《中国的经济发展战略和经济收入差距》,《上海经济研究》2003 年第 3 期。

罗植等:《"省直管县"是否改善了县域经济绩效:一个自然实证证据》,《财经研究》2013 年第 4 期。

刘增荣:《城乡统筹理论的发展与演进》,《郑州大学学报》(哲学社会科学版)2008 年第 4 期。

李晓玉:《中国市管县体质变迁与制度创新研究》,博士学位论文,河南大学,2008。

庞明礼:《"市管县"的悖论与"省管县"的可行性研究》,《北京行政学院学报》2007 年第 4 期。

庞明礼、张东方:《省直管县体制改革的制度设计研究》,《北京行政学院学报》2013 年第 1 期。

彭彦强:《论区域地方政府合作中的行政权横向协调》,《政治学研究》2013 年第 4 期。

彭正德:《中国农村消极社会心理的政治学分析》,《政治学研究》2012 年第 6 期。

钱振明:《乡镇行政系统的运行机制及其优化》,《中国行政管理》2000 年第 12 期。

上官莉娜：《合理分权：内涵、地位及路径选择——以中央与地方关系为视角》，《中南民族大学学报》（人文社会科学版）2014年第1期。

邵学峰等：《优化财政生态的分权治理研究：省管县财政体制改革值得关注的几个方面》，《财政研究》2009年第6期。

史小红：《强县扩权促进城乡一体化发展的机理与效应研究》，博士学位论文，河南大学，2009。

孙学玉等：《构建省直管县（市）的公共管理体制：一项关于市管县体制改革的实证研究》，《政治学研究》2004年第1期。

孙学玉：《强县扩权与市管县体制改革的必要性分析》，《中国行政管理》2006年第5期。

石亚军等：《从"省直管县财政改革"迈向"省直管县行政改革"——安徽省直管县财政改革的调查与思考》，《中国行政管理》2010年第2期。

唐晓英等：《欠发达地区省直管县改革中存在的问题及对策》，《黑龙江社会科学》2010年第5期。

谭之博等：《省管县改革、财政分权与民生：基于"倍差法"的估计》，《经济学》（季刊）2015年第4期。

王春利：《从权力再分配角度看省直管县体制改革所面临的瓶颈》，《经济研究导刊》2010年第25期。

王佃利：《市管县实践的反思："复合行政"的视角》，《北京行政学院学报》2004年第4期。

王钢等：《"都市圈"与"省直管县"的冲突与协调》，《城市问题》2009年第12期。

吴国光：《"县政中国"——从分权到民主化的改革》，《经济管理文摘》2008年第2期。

王国红等：《县政改革：进路与交点》，《政治学研究》2010年第2期。

王华等：《西方城乡发展理论研究进展》，《经济地理》2006年第3期。

吴海峰：《河南强县扩权三年反思》，《决策》2007年第3期。

吴锦良：《政府主导、社会参与、多方协作——改革开放以来浙江民间社

会组织参与社会建设的经验及启示》,《中共宁波市委党校学报》2008
年第 6 期。

王健等:《"复合行政"的提出:解决当代中国区域经济一体化与行政区划
冲突的新思路》,《中国行政管理》2004 年第 3 期。

武力:《1949—2006 年城乡关系演变的历史分析》,《中国经济史研究》2007
年第 1 期。

汪宇明:《中国省直管县(市)与地方行政区划层级体制的改革研究》,《人
文地理》2004 年第 6 期。

王仰文:《省直管县行政管理体制改革的制度掣肘与前景瞻望》,《理论与
改革》2011 年第 2 期。

徐勇:《"接点政治":农村群体性事件的县域分析——一个分析框架及以
若干个案为例》,《华中师范大学学报》2009 年第 6 期。

易顶强:《我国省级行政区划改革新探:以"省直管县"体制改革为视
角》,《求实》2010 年第 8 期。

于建嵘:《中国县政改革的目标和基本路径》,《甘肃理论学刊》2008 年第
4 期。

于建嵘:《县政运作的权力悖论及其改革探索》,《探索与争鸣》2011 年第
7 期。

袁政:《新区域主义及其对我国的启示》,《政治学研究》2011 年第 2 期。

朱国伟等:《省直管县有效性实现的府际关系因素分析》,《云南行政学院
学报》2008 年第 3 期。

朱春奎等:《包容性增长的由来与理论要义》,《东岳论丛》2012 年第
3 期。

张晖:《我国统筹城乡发展模式的反思及矫正建议》,《中州学刊》2012 年
第 6 期。

周杰:《经济增长、行政体制改革与地方政府间分权》,《经济与管理研究》
2012 年第 10 期。

褚建国等:《县政治理——第二期现代化与宪政发展》,《经济管理文摘》
2008 年第 2 期。

张京祥:《省直管县改革与大都市区治理体系的建立》,《经济地理》2009年第 8 期。

赵聚军:《构建与市场经济相适应的地方行政领导体制——对浙江"省管县"体制绩效的实证研究》,《中共宁波市委党校学报》2006 年第 3 期。

张康之:《论社会治理中的合作与协作》,《社会科学研究》2008 年第 1 期。

张康之:《论政府行为模式从控制向引导的转变》,《北京行政学院学报》2012 年第 2 期。

周黎安:《行政发包制》,《社会》2014 年第 6 期。

周黎安:《中国地方官员的晋升锦标赛模式研究》,《经济研究》2007 年第 7 期。

竺乾威:《政府管理创新若干问题的思考》,《中国行政管理》2012 年第 2 期。

竺乾威:《地方政府大部制改革:组织结构角度的分析》,《中国行政管理》2014 年第 4 期。

赵伟:《习近平统筹城乡发展思想研究》,《井冈山大学学报》(社会科学版)2014 年第 11 期。

朱湘:《我国省直管县改革模式研究》,硕士学位论文,复旦大学,2010。

张新光:《我国县域政治生态环境趋于恶化》,《科学决策月刊》2007 年第 4 期。

钟晓敏等:《省直管县改革:缘起、路径与未来方向》,《财经论丛》2011 年第 6 期。

周湘智:《我国省直管县(市)研究中的几个问题》,《科学社会主义》2009 年第 6 期。

周湘智:《"强县扩权"改革试点评估及拓展路径——基于 681 个试点县(市)的实证分析》,《领导科学》2009 年第 27 期。

郑炎成等:《县域经济在国民经济中的现实地位变迁:理论与实证》,《财经研究》2006 年第 3 期。

张占斌:《省直管县的新走向》,《决策》2006 年第 1 期。

张占斌:《政府层级改革与省直管县改革实现路径研究》,《经济与管理研究》2007 年第 4 期。

张占斌:《"省直管县"改革的经济学解析》,《广东商学院学报》2009 年
第 4 期。

张占斌:《统筹城乡与发展壮大县域经济》,《天津行政学院学报》2010 年
第 1 期。

张占斌:《加强省直管县改革的顶层设计和规划》,《行政管理改革》2011
年第 6 期。

张占斌:《省直管县改革新试点:计划单列与全面直管》,《中国行政管理》
2013 年第 3 期。

周振鹤:《中央地方关系史上的一个侧面(上):两千年地方政府层级变迁
的分析》,《复旦学报》1995 年第 3 期。

周振鹤:《中央地方关系史上的一个侧面(下):两千年地方政府层级变迁
的分析》,《复旦学报》1995 年第 6 期。

周振鹤:《行政区划史研究的基本概念与学术用语刍议》,《复旦学报》
2001 年第 3 期。

周志忍:《深化行政改革需要深入思考的三个问题》,《中国行政管理》
2010 年第 1 期。

二 英文参考文献

Bruce L. Berg, *Qualitative Research Methods for the Social Sciences*. M. A.: Allyn & Bacon, 2001.

Deil S. Wright, *Understanding Intergovernmental Relations*. California: Brooks Cole Publishing Company, 1988.

J. Friendmann, *Regional Development Policy: A Case Study of Venezuela*. Cambridge, Mass: MIT Press, 1966.

Mark Bevir, *Concepts in Governance*. London: Sage, 2009.

W. H. Riker, *Federalism: Origin, Operation, Significance*. Boston: Little, Brown and Company, 1964.

William Anderson, *Intergovernmental Relations in Review*. Minneapolis: University of Minnesota Press, 1960.

John Gerring, "What is Case Study and What is Good for," *American political Science Review*, vol. 98, No. 2 (2004).

R. B. Parks, R. J. Oakerson, "Metropolitan Orgnization and Governance: A Local Public Economy Approach," *Urban Affairs Review*, vol. 25, No. 1 (1989).

致 谢

　　我的博士论文写作从开题到完稿，足足经历了六年时间。这六年里我写作的热情也随着改革的高潮与低谷不断起伏，其间几易其稿、几经波折、近乎放弃，但2014—2015年以官方名义参与的为时一年的河南省"省直管县"体制改革实地调研，使我对该课题再一次产生了强烈的兴趣，无论改革成败，都无法动摇我写下去的决心和信心，因为我坚信研究是有价值的。在一轮又一轮的踌躇、彷徨、坚定、振作的思想斗争之后，终于为这篇"有苦无功"的文章画上了一个并不算完美的句号，尽管如此，我想说的感谢以及衷心想感谢的人依然很多，虽不一一列出，但一直铭记在心。

　　首先应该感谢的是我的导师顾建光教授。一方面，顾老师对我论文写作的要求特别严格，每次讨论论文都给我提出更高的标准和诸多宝贵建议，使论文经过了多次雕琢和打磨才得以成稿；另一方面，顾老师一直观察着我的写作状态与进度，在低谷时给予我鼓励，在困境中为我指明方向，为我的写作提供了各种帮助。顾老师对学生论文严格把控和悉心指导的治学精神，将使我终身受益。师者如父，师恩难忘，桃李不言，下自成蹊！

　　感谢上海交通大学及所有给予我指导和为我服务的老师们，林冈教授、樊博教授、胡伟教授、吕守军教授、郭俊华教授、唐兴霖教授等让我体验到交大的教学水平是一流的；杨珊老师、高雪花老师、李彬彬老师、郑晓华老师、谢琼老师等，让我感受到交大的行政服务是最棒的！更要感谢为我的论文写作提出宝贵建议的复旦大学竺乾威教授、朱春奎教授，上海财经大学的何精华教授，宁波大学的詹国彬博士等校外专家，你们永远都是我学术研究道路上的启明灯！

感谢河南省编办、河南大学中原发展研究院、河南省"省直管县"改革试点县的各部门领导与工作人员，你们为我几十次的调研提供了很好的平台和无私的帮助，一尺高的调研材料为我的写作提供了一手的优质素材，你们的帮助坚定了我在逆境中也要把论文写下去的信心和决心！

感谢我的同门和同届的同学，我们是情同手足的兄弟姐妹，你们亲切的笑脸诠释着我们会永远相见如初！一同求学的时光里，我们相互帮助、互相鼓励、共同进步，欢歌笑语洒遍了我们聚集的每一个空间、角落；以后的日子里，我们更会不忘初心、砥砺前行，我们的友谊地久天长！

家是港湾，一个拥有40多口人的大家庭更是温暖的港湾。在这个大家庭里，我被爱包围着，也学会了去爱他人。我的博士论文写作被我的大家庭列为2017年的"1号工程"，亲人们几乎替我承担了除论文写作之外的所有工作，为我的论文写作提供了全方位的优质服务。再难的事儿，想想这个温馨、和谐、充满爱的大家庭，顿觉力量倍增。大家庭里的每一位亲人，我永远爱你们！

博士毕业，是人生中一个具有重要意义的节点，一路上有你们相伴，我庆幸，我知足、我感激！期待以后的路上你我有更多相伴的机会和美丽的邂逅，期待我们的明天更美好！

最后，感谢社会科学文献出版社的编辑们，你们的辛勤劳动，使我的博士论文出版成书，也使我的学术研究进入了一个新的阶段。

开封·河南大学

2019年8月31日

图书在版编目(CIP)数据

"省直管县"体制改革研究：基于城乡协调发展的
视角/刘素姣著. -- 北京：社会科学文献出版社，
2020.4
ISBN 978 - 7 - 5201 - 5945 - 6

Ⅰ.①省…　Ⅱ.①刘…　Ⅲ.①县 - 行政管理体制 - 体
制改革 - 研究 - 中国　Ⅳ.①D625

中国版本图书馆 CIP 数据核字（2020）第 012376 号

"省直管县"体制改革研究
　——基于城乡协调发展的视角

著　　者 / 刘素姣

出 版 人 / 谢寿光
组稿编辑 / 曹义恒　岳梦夏
责任编辑 / 岳梦夏
文稿编辑 / 韩宜儒

出　　版 / 社会科学文献出版社·政法传媒分社（010）59367156
　　　　　　地址：北京市北三环中路甲 29 号院华龙大厦　邮编：100029
　　　　　　网址：www. ssap. com. cn
发　　行 / 市场营销中心（010）59367081　59367083
印　　装 / 三河市尚艺印装有限公司

规　　格 / 开本：787mm × 1092mm　1/16
　　　　　　印 张：13.25　字 数：202 千字
版　　次 / 2020 年 4 月第 1 版　2020 年 4 月第 1 次印刷
书　　号 / ISBN 978 - 7 - 5201 - 5945 - 6
定　　价 / 89.00 元

本书如有印装质量问题，请与读者服务中心（010 - 59367028）联系